格致穷理

中学生物理实验教学与研究

陈劲 / 著

辽宁大学出版社
Liaoning University Press

图书在版编目（CIP）数据

格致穷理：中学生物理实验教学与研究/陈劲著

. 一沈阳：辽宁大学出版社，2021.10

（名师名校名校长书系）

ISBN 978-7-5698-0480-5

Ⅰ.①格⋯　Ⅱ.①陈⋯　Ⅲ.①中学物理课－实验－教学研究　Ⅳ.①G633.72

中国版本图书馆 CIP 数据核字（2021）第 150440 号

格致穷理：中学生物理实验教学与研究

GEZHI QIONGLI：ZHONGXUESHENG WULI SHIYAN JIAOXUE YU YANJIU

出　版　者：辽宁大学出版社有限责任公司
　　　　　　（地址：沈阳市皇姑区崇山中路 66 号　　邮政编码：110036）
印　刷　者：北京米乐印刷有限公司
发　行　者：辽宁大学出版社有限责任公司
幅面尺寸：170mm×240mm
印　　张：12
字　　数：180 千字
出版时间：2021 年 10 月第 1 版
印刷时间：2021 年 10 月第 1 次印刷
责任编辑：李珊珊
封面设计：徐澄玥
责任校对：于盈盈

书　　号：ISBN 978-7-5698-0480-5
定　　价：45.00 元

联系电话：024-86864613
邮购热线：024-86830665
网　　址：http://press.lnu.edu.cn
电子邮件：lnupress@vip.163.com

　　初中生学好物理学，对于尽快把我国建设成为现代化的社会主义强国，对于提高整个民族的科学文化水平，都具有重要的意义，这是广大初中物理教师的光荣任务。由于学生的学习过程和人类对客观世界的认识过程的一致性，实验不仅是研究物理的主要途径，而且是教好、学好物理的主要途径。因此，笔者历来都把做好演示实验和指导好学生自己做实验看作是教好物理的关键环节。为此，作者撰写了《格致穷理——中学生物理实验教学与研究》一书，希望为促进我国初中物理实验教学的进一步发展和完善略尽微薄之力。

　　本书由陈劲所著，共分为七章。首先，作者介绍了实验在物理教学中的地位和作用、物理实验与科学素质教育等内容；其次，作者对初中物理实验教学的基本理论和基本方法进行了介绍，其中教学方法包括演示实验的教学方法、学生实验的教学方法等；再次，作者论述了有关学生实验的知识，如学生实验能力的具体要求、学生实验技能的培养等；最后，作者介绍了课外活动实验的相关示例，当然其中会包括家庭实验的相关内容，如做功快慢大PK、饺子的沉浮等有趣的学生家庭实验。

　　本书在撰写过程中，作者参阅了部分相关研究成果，并对其中一些观点进行了引用，在此对其研究者表示衷心的感谢！由于时间较为仓促，作者精力有限，书中难免存在一些不足之处，敬请各位同行和广大读者予以批评指正。

目录

第一章

绪 论

第一节　实验在物理教学中的地位和作用

一、物理实验的发展是建立在实验基础上的

物理学是一门以观察、实验为基础的科学，整个物理的发展始终是建立在实验基础上的。例如，最初出现的热机——蒸汽机，在锅炉里把水烧成水蒸气，利用水蒸气的内能来做功。最初的蒸汽机很笨重，而且效率很低，后来许多人做了大量的实验，不断地对它加以改进。其中贡献最大的是英国人詹姆斯·瓦特（James Watt），他在1782年发明了往复式蒸汽机，使蒸汽机成为可以广泛使用的动力机。不过蒸汽机仍然过于笨重，而且效率低，现在又被重量较轻、效率高的热机（汽油机或柴油机）所代替。又如，托马斯·爱迪生（Thomas Edison）是世界著名的发明家，他从小就聪明伶俐，爱动脑子，爱动手，他的一生为人类奉献了一千多项发明创造。爱迪生发明白炽电灯时，据说先后试验了1600多种材料，后来发现用碳化的竹子纤维做的灯丝，寿命长达上千小时。1882年，爱迪生在纽约建立了第一个中心发电站，开创了电照明的新时代。

二、以实验为基础符合科学的心理观

大多数初中学生的年龄在12～15岁之间，他们精力充沛，求知欲强，易于接受新鲜事物，好奇、好学、好动是他们的特点。他们对一切未知的事物都感到新奇，尤其对初中物理实验特别感兴趣。例如，高速前行的火车，不能靠得太近，可能被吸过去，发生危险！高速前行的火车带动空气流动——压强小，背后的大气压强大，产生一个压强差。初中学生对于这些问题总想把它们弄个水落石出，明明白白。因此，无论是从物理学的基础，还是从人们的心理特点来说，初中物理实验在物理教学中都有着重要的作用。

三、突出重点，突破难点

物理实验不仅可以充分地调动学生学习的积极性，而且还可以更好地突出重点、突破难点。例如，在有关磁场和磁感应线的课程中，磁场看不见、摸不着，很抽象。如果我们做好演示实验，有层次地培养学生分析问题和解决问题的能力，说明看不见、摸不着的东西也是可以认识的，这样就很容易地突破了难点。所以我们认为，做实验要比没有做实验更直观，学生可能会更清楚地知道这一知识点是如何得来的，更清楚地知道它的含义。因此，利用物理实验就容易突出重点、突破难点。

四、引导思路，体会方法

物理实验中有许多具有创造性、启迪性的好方法。教师在教学中要注意通过演示实验和学生实验，直接或间接地向学生渗透这种方法和思路。例如，英国科学家艾萨克·牛顿（Isaac Newton）总结了伽利略等人的研究成果，从而概括出一条重要的物理定律——牛顿第一定律。它是在大量的实验事实的基础上，通过进一步推理概括出来的。物理理论的建立遵循着这样的途径：提出问题→观察实验→假设→通过实验来验证假设→提出理论→通过广泛的实践验证理论。物理学是非常注重这一研究方法的。为了让学生体会、研究这种方法，我们应多做一些具有探索性的实验，培养他们动手、动脑，分析问题、探索方法的能力。

初中物理实验应以学生为主体，教师为指导激发学生的求知欲，使学生在轻松愉快的教学氛围中，实现知识的有效积累和储存，形成新的知识结构，提高教学质量。

五、从物理学的发展看物理实验的地位和作用

物理学是一门重要的基础科学，而物理实验则是物理学极为重要的有机组成部分，物理学的发展是建立在物理实验基础上的，物理实验在物理学发展中起着重要的先导作用。从物理学发展史来看不难发现，许多重大的科技成果都是在实验室中通过物理实验而获得的。例如，电磁感应原理的确立、狭义相对论的发展、量子理论的兴起等，都是首先在实验室中突破才得以确立和发展的。因此，离开了物理实验，物理学就不会得以发展。

物理实验作为一种教学手段和学习过程，是物理教学中不可分割的一部分。由于学生认知范围的局限，不可能将物理现象及规律原原本本地展现在学生面前，而物理实验能高度概括物理规律中的主要因素，成为学生认识世界的最有力的武器，因此，离开物理实验的物理教学是无源之水、无本之木，这样教育出来的学生缺乏实践能力和创造才能，对我国的教育事业有百害而无一利。当今国际社会的竞争首先是人才的竞争，而人才的因素最有力的竞争是人才智能的竞争，所以我们更要重视能力的培养。在物理教学中实验已成为发展学生智能的重要手段，只有站在这个高度来

看，才能真正体会到物理实验在物理教学中的重要性。

六、从人才的培养看物理实验

（一）物理实验是树立学生正确的世界观与方法论的有力手段

实验室给学生提供了一个客观的自然环境，学生做实验的过程就是学生的思想与物质世界交流的过程。通过无数次的实验，学生体会到世界的物质本原性、规律的客观实在性，体会到自然界的运行自有它的规律，是不以人的意志为转移的，我们只有发现规律、尊重规律，才能让规律为我们服务。教育学生用实践的方法去探索真理，用实验的方法去检验真理，要强调理论联系实际的重要性，在规律面前、在真理面前，思维逻辑要绝对服从客观现实。在教学中我们发现有的学生对某个概念、规律不理解，问题不在于如何理解，而在于学生观察世界的观点是错误的，有的学生会根据生活经验去判断概念，但是这些生活经验往往是错误的。例如，认为力是物体运动的原因，重的东西下落更快等。教师通过物理实验来纠正学生的错误观点比用理论观点去说服，更令学生心服口服，因而要教给学生思考问题的方法。

（二）物理实验是培养学生动手操作能力的有效手段

每一个实验的进行与操作，都不仅是对已有的知识的巩固，而且也提高了学生的动手实验能力。让学生不间断地进行实验操作，通过观察实验现象得出实验结论，分析讨论实验过程中出乎意料的实验现象，可以锻炼学生的观察能力，同时也提高了他们对事物的分析能力，加深对物理知识的理解，提高教学效率。亲自动手，总会遇到一些平时想象不到的操作问题，通过不断地尝试练习，培养了学生的动手能力。这就是古人所说的"纸上得来终觉浅，绝知此事要躬行"。比如，让学生自制滑动变阻器来改变灯泡的亮度等。

七、从提高物理教学质量上看物理实验

（1）物理实验教学是符合学生认知规律的。

物质决定意识，意识又可反作用于物质；人的认识必须经历实践、认识、再实践、再认识……物理实验是沟通物质与意识的桥梁，是沟通实践与认识的桥梁。

（2）物理实验是正确建立物理概念，突破物理难点概念的保证。

（3）物理实验能诱发学生对物理的学习兴趣，激发学生对物理学的求知欲。

从以上几个方面的分析可以看出，物理实验是物理教学的重要组成部分，它在物理教学中的地位和作用都是极其重要的。物理系毕业生将直接进入教师的行列，加强实验教学，对我国的教育事业将起着积极的推进作用。

第二节　物理实验与科学素质教育

一、学生实验能力测试引起的思考

（一）实验能力测试的情况

为了了解中学生实践素养和能力的现状，有学者曾对一些初中学生进行了观察和操作的测试，如下是其中的几个题目及测试的情况：

1. 题1

（1）请你尽快把一支钢笔拆散，一直拆到各部分为单一的零件为止；（2）请你再把拆散的各部分零件组装成一支完整的钢笔（该题在第（1）小题完成后提出）。这两道小题主要考核学生操作素养和动手能力。作为一个现代社会生活的公民和劳动者，类似的工作经常会遇到，这种技能恐怕是最基本的了。测试的结果：能够拆散到单一元件的占总测试者的85%，能够组装起来的占70%，但能够组装成一支可用的钢笔的只有50%，而能够有序拆散、排放的组装的只占总测试者的37%。这种测试结果并不是个别的现象，在日常生活中，可能遇到各种故障，如收录机的调谐指示针偏了，自行车的车铃锈死了等，绝大多数的人，要么是不敢去拆，要么是拆的时候没有一种再组装起来的意识和素养。

2. 题2

将桌上已经拆散的电源插座组装起来，该插座上有1只开关、1只氖泡指示灯、两对两脚插孔和1组三脚插孔。该题要求考核学生理论指导下的操作能力。测试的结果：电源火线和开关位置安装不正确的人数占被测试者总数的59%，指示灯安装不正确的占71%，还有10%的人剩下若干元件无法安装起来。总计有85%的接线板不能使用。

为了分析学生具有的知识和实际操作能力的区别，针对该题拟了一道笔试题，测试的结果：电源和开关位置画正确的占80%，指示灯位置画正确的占71%。可见，笔试与操作之间的成绩差异是相当大的。

3. 题3

如何用一个广口水槽、直尺估测出一支圆柱形蜡烛的密度？先画出方案示意图，再进行实验。这道题主要考核学生的实践意识和多向思维的品质。学生在3min内就画出了方案草图，几乎全部为一种理想模式，但实验时没有一个学生能够使蜡烛自由地竖立漂浮在水中，因此也就无法测出结果。其实，解决这一难题的途径也有多种，我们虽然无法使蜡烛竖直自由漂浮，但是可以外加一个扶持的作用，例如，用笔杆挡住它，不使其倒下。当然，从理想的情况来看，它是一种干扰，使竖直方向出现了摩擦力，但由于蜡烛在接近竖直状态时，蜡烛与笔杆之间的压力很小，这种摩擦力完全可以忽略不计。这种近似的方法，在解决实际问题时是经常被采用的。

（二）十省市中学生物理实验能力调查简况

原国家教委教学仪器研究所曾组织了对北京、辽宁、河北、山东、江苏等十大省市中小学生实验能力的调查，调查是在科学的设计、严密的组织和充分准备的条件下进行的。全国测试的结果：初中生物理实验平均成绩在及格线以下，折合成百分制，初中学生物理实验平均成绩为58.2分。现将初中物理实验考核的情况介绍如下：

对一个考点的初中学生共使用三套试题，每套试题均有三分之一的学生做实验。这里将第二套试题的内容作一简介。

A题：长度和容积的测量。共10个得分点：①用刻度尺和三角板测量小瓶最大外径；②用刻度尺和三角板测量小瓶最小外径；③读出外径值；④记录正确；⑤会用替代法测量瓶深；⑥操作正确；⑦读数记录正确；⑧用水测量容积；⑨会读刻度值；⑩平视读数并记录。

B题：用杠杆、钩码测铁块质量。得分点：①会列表；②数据单位正确；③会固定杠杆；④会调平螺母；⑤挂重物，调平衡；⑥读两力臂；⑦另重复测量两次；⑧计算；⑨求平均值；⑩仪器归整。

C题：简单照明电器操作。得分点：①会装保险丝；②固定好保险丝；③会用测电笔（闭合开关）；④会用测电笔判断（断开开关）；⑤装灯头；⑥会打结；⑦接插头；⑧选灯泡；⑨检查螺口；⑩是否带电。

对于第二套试题，A题的平均得分是5.16分（满分10分，下同），B题6.17分，C题4.66分。综合三套试题的情况可以看出，在基本仪器的使用方面，关键性的使用方法都在及格线以下，如测力计和直流电压表的零点调整，电表的量程选择，电表的读数方法，电路接通前的点接检查问题，滑动变阻器滑动端位置及其调整方法。这些要求多数学生还没有掌握。在基本操作技能方面，如光具座上凸透镜成像的实验，反映基本操作的8个得分点都不及格，一些实验中要求列表记录的得分点也不及格。在解决实际问题能力方面，如多数学生不会用测电笔，不会给灯头线打结，不会选用灯泡规格，不会检查螺口灯头处金属部分是否带电，在电源插头尚未接到市电插座的情况下，一些学生在操作中吓得发抖。多数学生灵活运用知识的实践能力很差。在实验习惯方面，多数学生实验前不知道观察用电器上的标志，实验记录不写单位等，说明没有养成良好的实验习惯。

（三）调查结果引起的思考

为什么学生的观察和实验能力比较差？为什么学生在解决实际问题中，几乎完全不考虑实际的可能性，以及解决问题的思路如此狭窄？它值得每一个物理教师认真思考。有学者认为，这与学生认知和能力结构的"畸形"有关，而这种"畸形"又与我们物理教学模式的缺陷是分不开的。因为一个人的认知和能力结构不是先天形成的，与他参与的活动密切相关。在物理教学中，普遍存在这样一种模式——"教师的理论讲授＋学生做大量的笔头练习"，观察和实验是极其薄弱的环节。之所以形成这种单一的教学模式，核心的问题是教育思想。重理论知识的灌输，轻实验能力的培养；强调学科知识的系统性，忽视科技意识的培养；习惯于死记硬背原理公式，不讲究学习方法；实验"照方抓药"，理论不联系实际等，都反映指导思想存在问题。如果这种状况不加以改变，必将影响学生素质的发展和民族科学素质的提高。

二、物理实验与科学素质教育问题

（一）物理实验与实践意识的培养

在人的科学素质结构中，科学思想、科学作风、科学的价值观是十分重要的部分。它体现为一种完善的人格，其重要的思想支柱是辩证唯物主义观点。因此，形成辩证唯物主义观点是物理教育的一个重要目标。实践的观点和意识是辩证唯物主义观点的重要部分。因为实验是一种有目的、可控制的理论联系实际的学习活动，在这种活动中，学生能够有效地体验理论和实践的关系，所以它是培养学生实践意识不可缺少的重要途径。

1. 实验中信息的获得必须通过学生自己的观察

实验活动的一个显著特点是必须通过亲自观察来获取信息，而且实践中的信息又极其丰富多彩，因此非常有利于培养学生的实践意识。例如，将下列问题以实物的形式展示给学生：水槽中有一枚硬币，用一只玻璃杯倒过来罩在硬币上（如图1-2-1所示）。

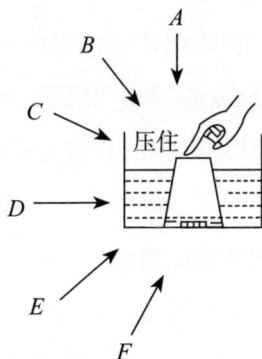

图1-2-1

（1）先不要观察，猜想一下，你可能看到了哪些现象？

（2）通过自己观察，你实际看到了哪些现象？

（3）请解释你看到的现象。

（4）再观察一下，你还有哪些新的发现？

假定从硬币的正上方开始向下观察（称观察角为0），逐步改变观察方向，通过观察与思考，可以发现许多问题：

① 在视线A到B的范围内可以看到硬币的像，但视线从B到C移动的过程中，硬币逐渐消失，只见透明的玻璃杯壁变成不透明的"镜面"。这是为什么？

② 当视线从C向D移动时，硬币复现，这个像是怎样形成的？

③ 当视线向D移动过程中，在某一方位可以同时看到三个像，为什么

能同时看到三个像？这三个像的成像光路是怎样的？

④ 这三个像的大小离观察者的远近都不一样？这是为什么？

⑤ 当观察者从 E 方向向上观察时，可以看到两个像，这两个像是怎样形成的？

⑥ 当从 E 到 F 方向向上观察时，在某一方位可以看到三个像，这三个像是怎样形成的？

从这个例子中，我们可以看出实验的观察活动是相当活跃的，闭门造车不可能解决问题。通过反复的观察和思考，学生们才发现了许多意想不到的现象和问题。他们从中得到的收获是任何纸上谈兵的渠道所不能比拟的。

2. 假设和猜想必须通过实验的验证

科学发现和解决实际问题并非都是通过实验归纳的方法，在相当多的情况下，假设和猜想走在实验的前面，但实验的验证是必需的。在物理学史中有很多这样的例子，在教学中也有很多这样的例子。例如，两支点燃的蜡烛，一高一低，若用一个透明的可乐瓶制的罩子将它们罩起来，问哪一支蜡烛先熄灭？绝大多数学生回答："低的先熄灭。"也有少数人说高的先熄灭，但说不清理由。为什么说低的先灭呢？学生回答，因为二氧化碳不助燃，它比空气重，将沉于下方，因此低的先熄灭。但实验的结果却是高的先熄灭。学生感到惊奇和不可思议。他们的论据似乎是正确的，推证的逻辑也是正确的，为什么实验的结果却否定了这种判断呢？原来，他们忽视了"二氧化碳比空气重"是在相同温度下得出的，实验中的二氧化碳是在燃烧中产生的，它的温度远比周围空气的温度高得多。当教师点拨到这一问题时，学生就会恍然大悟。

再举一个例子。把一支蜡烛的下端绕上多圈的金属丝，使其竖直地沉于水槽中，上端露出水面，点燃蜡烛，问：随着燃烧的进行，会出现什么情况？几乎所有的学生都认为当蜡烛燃烧到与水面相平时，蜡烛即会熄灭。很少有人能想象出来现象变化的细节。

画出几幅图让学生选择（图1-2-2），绝大多数学生选图1-2-2（a）。他们认为烛焰熄灭时，蜡烛的上端面呈略凹状，因为如果蜡烛上端面稍呈凹状，水就会进入内部从而使蜡烛熄灭。但实际的情况并非如此，应当选图1-2-2（c），因为靠近烛心的部分温度较高，蜡烛熔化，燃烧挥发，而周边由于与水接触，能够不断地将热量传递到水中，所以它达不到熔点，又由于蜡烛与水之间是不浸润的，所以水不会进入到凹形区内。随着不断燃烧，向下凹的程度加大，非常有趣的是，凹到一定的程度，火焰变小，眼看就要熄灭时，火焰又变大起来，如此反复几次，蜡烛就熄灭了。为什么会出现这种情况呢？因为随着下凹深度加大，火焰较大时，冷空气难以进入靠底部烛心的地方，使燃烧变得不充分，所以烛焰变小。但随着烛焰变小，冷空气就比较容易从周边内向下与热空气形成对流，因此火焰又变大，如此反复数次，当下凹深度足够大时，空气对流难以进行，烛焰也就熄灭了。如果没有做过实验，这种现象几乎是不可能想象出来的，而要解释这种现象，还必须综合地运用有关的知识。

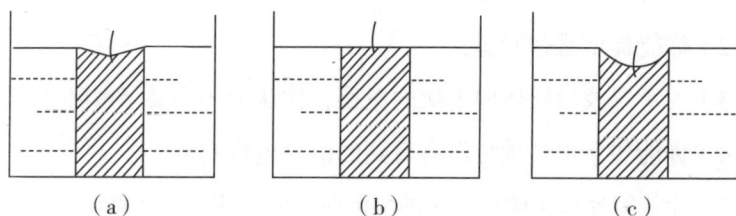

图1-2-2

从上面几个例子可以看到，学生通过实验所获得的不仅是知识，还有思维的方法，更为重要的是树立"实践是检验真理的唯一标准"的观点和培养实事求是的科学作风。

（二）物理实验与创造力的培养

我们知道，科学素质教育的核心是创造性教育。随着现代科学技术的迅速发展和信息革命时代的到来，世界各国都强烈地意识到智力竞争的重要性，因此十分关注教育的现代化，尤其是实施个性化教学，最大限度地挖掘自身拥有的智力资源。阿马杜·马赫塔尔在《探索未来》一书中写道："人们对付当代世界性问题和挑战的能力，归根到底将取决于人们能够激发和调动的创造力的潜力。"可以说，创造性教育是现代教育的最大要求。创造性教育期望的主要目标是培养学生对科学的好奇心和旺盛的求知欲，培养开拓的精神和创新能力。

由于实验本身的特点，它成为中学物理教学培养学生开拓意识和创新能力的重要途径。实验中蕴藏着极其活跃的因素，随时会出现许多学生意想不到的问题，对于活化学生学习的知识和训练思维大有益处。例如，让学生观察双圆锥体上转的实验，倾斜的轨道展示在学生的眼前，轨道中部有一旋转体，释放以后，学生会惊讶地发现旋转体向轨道上方滚去。无须提问，学生就会立即投入到积极的思考中。在演示过程中，我们相继提出如下问题：

（1）你看到了哪些现象？

（2）你能提出哪些问题？

（3）为了寻找旋转体向上滚的奥秘，你认为还需要了解哪些信息？

（4）你能想象出其他你没有看到的信息内容吗？

（5）你能解释旋转体向上滚的原因吗？它是否违背了能量守恒定律？

（6）旋转体向上滚的条件是什么？

我们发现，很多学生对观察到的现象的描述是相当粗糙的。他们只看到旋转体在从轨道的低端向高端滚动，提出的问题也只是为什么物体会往上跑。由于观察的肤浅，学生也就难以有更深入的联想。在多次的观察中，有一位学生说："旋转体运动过程中，就像一个人在海滩上往水里走去一样，人露出水面的部分越来越少，旋转体在轨道上方的部分也是越来越少。这说明旋转体在向轨道下没入。"虽然人往海里走和旋转体往轨道上滚是两种本质不同的现象，但从这两种现象的比较中，抓住了旋转体向轨道下没入这一关键现象对解决这一问题来说，可以说是一个不简单的发现。人们在对事物的观察中是很难把所有的信息一览无余地尽收眼底，宝贵的是能抓住一闪而过的关键现象，并进行丰富的联想。这样的实践活动确实能使学生受益匪浅。

又如，让学生做一个蜡烛跷跷板，画一个草图是很容易的，但真正制作时就会遇到许多问题：用缝被针加热后在蜡烛中段穿一个孔就不容易。针过热了，孔会钻得太大；针加热的温度过低，又容易把蜡烛钻裂。整体重心过高，蜡烛就会翻身；重心过低，很难往复地跷来跷去。如何使蜡烛跷跷板振动的频率高一些等，都是实践中遇到的问题。当学生解决了这样一个又一个问题时，他们的喜悦是难以形容的，他们的收获也是不可估量的。

像上面提到的例子是数不胜数的。正因为实验如此之"活"，学生学习获得的知识才不会僵死。总而言之，我们再三强调实验的不可替代作用，就是希望创造一种生动活泼的学习情境。在这种情境下，学生没有那种为了应付考试而日夜学习所造成的心力交瘁的状态，他们通过自己动手动脑来探索科学的奇境，掌握所学的知识，并融会贯通。只有这样，才能使我们的学生从年轻时代就具有开拓精神和创新能力，以适应时代发展的要求。

第三节　初中物理实验在培养
思维能力中的作用

一、实验能够引导学生进行正确的思维，使学生学会正确思维的方法

在中学物理教学中，特别是遇到一些比较复杂的问题时，学生需要不断地进行分析与思考。但是，如果不经引导，学生的思维容易中断，或陷入混乱之中，或向不正确的方向发展，而这时仅靠灌输，学生思维必然是处于被动和消极的状态。如果在研究这些比较复杂问题的时候，用边实验边分析的方法，精心安排一系列实验，就可以调动学生思维和引导他们沿着正确的途径来进行思维，这样学生就可以通过观察、比较和分析，逐步找出现象的本质和规律。这种应用边实验边分析的教学形式，首先它符合了"实践—理论—再实践—……"的认识过程，其次它是从实验感觉到的材料出发，通过对比分析，去粗取精、去伪存真、由表及里的思维过程。因此，它不但帮助学生得到了正确结论，而且还锻

炼了学生的思维。

在中学物理教学中经常采用分析综合的方法来研究问题，这时边实验边分析的教学形式也是十分合适的。实验是在人为的情况下使自然现象再现，利用人为的方法控制现象的发生条件，就有可能把比较复杂的多个因素的影响分解为几个单因素的影响，逐一加以研究，然后经过综合得到现象的规律。

二、实验能够检验学生的思维

学生在学习过程中进行了思维活动后，如果能够及时地给予检验，使他们看到自己思维的效果，也看到自己思维的不足之处，这有利于培养他们的思维能力。实验就是一种能有效地而且很方便地检验学生思维正确与否的好方法。

中学物理教学中广泛地应用判断、推理和证明等形式来研究问题。如果我们能够应用实验加以验证，就很容易弄清楚所得的结论是否正确，而且还可以弄清楚在得到这个结论的思维过程中是否正确。例如，在沸水里加热试管，试管里的水会沸腾吗？为什么？遇到这样的问题，学生思维活跃，争论激烈。解决的办法，最好先做实验，证实试管里的水并未沸腾，然后再让学生讨论。这样做不但可以使学生弄清楚热传递的条件（温差）和沸腾条件（吸热），而且可以帮助他们在判断推理过程中，注意到论据是否充足，推论过程是否合理等问题。这有利于培养他们的思维能力。

学生在学习物理过程中，常常因为错误的经验而阻碍了他们正确的判断和推理。例如，许多学生存在着一种片面的经验，他们认为："吸热升温，放热降温，不吸热不放热则温度不变。"因此，在研究理想气体的绝热过程时，他们普遍存在着错误的推论："绝热过程中，气体不吸热不放热，它的温度不变，因此，气体的内能也不变。"对待学生这种根深蒂固的片面性的经验，做一做"气体绝热压缩时可以使火药棉生火"的实验，给学生以强烈的刺激，使他们有深刻的印象，这样就比较容易加以纠正。

第四节　初中物理实验教学存在的问题及加强措施

一、实验教学中存在的问题

第一，教师对演示实验既没有引导学生认真地观察物理现象变化的过程，又没有对实验结果进行细致的分析，只是机械地从实验现象过渡到结论，以致学生总觉得"实验是一回事，结论又是另外一回事"。也就是说，当教师演示完实验，得出结论时，仍旧有不少学生认为结论是凭空而来的。这一切都说明教师在课堂教学中没有把实验和结论贯串起来，因而学生不能领会结论是怎样得来的，更无从理解物理概念和规律是怎样在实验基础上建立起来的，致使他们对概念、定律和理论只好机械地记忆、形式主义地理解，总感到物理抽象难学。

第二，由于学生对实验的目的要求、原理和方法缺乏真正的理解，盲目地按照实验步骤和教师讲的，只动手，不动脑，机械地进行操作，为实验而实验，因而虽然做了实验，但既不能加深对基本概念和规律的理解和掌握，又不能提高学生的实验技能、技巧，这对培养他们的观察能力、思维能力以及分析问题、解决问题的独立工作能力等方面的作用也不大，更谈不上有计划、有目地逐步训练他们学会物理研究中常用的科学方法。虽然有的教师重视了学生实验操作技能技巧的训练和培养，学生实验能力也有了较大的提高，但教师还不能做到有计划、有目地引导学生领悟实验的设计思想，也没有采取科学研究的方法对待学生实验，因而学生仍缺乏这方面有计划严格的训练。

第三，由于教师对学生的实验技能没有给予反复练习和提高的训练，再加上对实验能力缺乏相应的、必要的检查和考核办法，因而有些学生对实验不够重视，导致他们的实验能力和实验素养都很差，更谈不上有独立设计实验、独立进行实验的能力。

二、加强实验教学工作的几点体会

回顾、总结多年来物理教学工作的实践，在不断加强和改进实验教学中，我们有如下几点体会：

第一，要切实提高教师对实验在中学物理教学中的地位和作用的认识，从而提高教师对中学物理课重要作用的认识，端正教育、教学思想，激发教师坚持搞好实验教学的热情和干劲。在中学物理教学中，目前要加强实验虽有客观的困难，但应该从思想上重视物理教学中的实验，应该认识到没有实验就上不了物理课，只要有这个思想，教师就有可能千方百计地去创造条件，不论在什么样的条件下都能够做到尽可能地加强实验，就能从主观上尽最大努力克服各种困难，努力做好实验，从而提高实验教学的质量。

第二，要搞好演示实验和学生实验，并认真开展学生的其他实验活动，必须发扬不怕吃苦、团结互助的革命精神和共产主义风格。准备一节实验课和演示课或者举行实验展览、实验复习和实验考试课，以及开展学生课外实验活动，教师（包括实验室管理人员的密切配合）往往要花费几倍甚至十几倍的时间和精力，这一切若没有不怕艰苦、互相协作的精神是办不到的。

第三，要加强实验室建设。实验仪器设备是搞好实验的物质基础，要努力扩大必需的实验用房，充实实验设备，改善实验条件，建立起较为完善的实验室，并充分发挥实验仪器、设备的作用；要努力设法有目的地多做实验，把物理教学真正移到以实验为基础上来。在中学物理演示实验中，基本上应该提倡用简单的器材，因为简单的器材显示的物理现象更简明，学生更容易理解。同时，要积极创造条件，采用一些现代化的仪器设备（例如，传感器电子示波器等），使实验手段不断更新和完善，以便更有效地演示一些较复杂的物理现象和过程。目前，很多学校实验仪器都不是十分充足，而且统编教材内容充实了很多新内容，对实验要求较高，相应地，实验效果好的实验仪器未必能够立即跟上，所以即使原来设备较好的学校，相对说来也会有不足之处。为了解决这个问题，我们可以采取三个办法：一是积极创造条件，逐步地、有计划地配备新仪器，努力进行仪器的更新工作，改进实验手段和实验方法，提高实验效果；二是充分发挥现有仪器、设备的作用，对现有仪器、设备进行科学的管理、调整、维修和改造，特别是要想方设法修复已损坏或失灵的仪器、设备和改装实验装置，提高实验效果，使之发挥更大的作用；三是发扬自力更生的精神，自己动手，与校办工厂配合，就新教学大纲和教材所规定的演示实验和学生实验，采用修旧利废、因陋就简的办法来研究制作新教具、模型、示教板，或用其他办法代替，弥补仪器、设备的不足。还可以发动学生组织科技小组，利用课余时间参与制作教具的活动，这不单纯是为了解决仪器不足的问题，对于培养学生动手动脑的能力也是很有作用的。

第四，有必要特别强调如下三点。一是要切实加强实验备课，认真搞好实验前准备工作，做到每一项实验活动都目的明确，要求恰当；考虑周到，心中有数，充分准备，组织严密，有条不紊，有针对性地搞好实验指导工作，调动学生的主动性和积极性，从而保证演示实验、学生实验、课外实验活动、实验展览以及实验复习和考试等工作都能有目的、有计划地顺利进行。二是学生必须在有充分准备的情况下有目的地、手脑并用地、独立地做实验。因此，实验前学生一定要进行认真的实验预习，做好实验前一切准备工作。我们认为，实验预习并写好实验预习报告对学生来说是实验前准备工作中最关键的一环，这是学生有效地完成实验任务不可缺少的重要环节之一，搞好了这一环节，实验课的质量才有一定的保证。为了使学生实验得到预期的实验效果，教师还必须在指导和检查上下一番功夫，特别要做好编写、布置实验预习思考题和实验前的指导，实验课上的预习检查和指导（学生必须在认真预习的基础上，写好实验预习报告后才被允许做实验）以及学生做完实验后教师进行实验讲评和总结提高的工作。三是要狠抓实验基本功，进行经常的、严格的训练，切实培养好学生良好的实验习惯。因此，首先，要把平时教学上的要求（特别是作业练习方面）与实验教学上的要求统一起来，这样才能使学生形成良好的习惯。

培养实验技能和良好的习惯是实验教学的重要任务之一。只有严格要求，长期训练，才能取得好的效果。一方面，培养学生严格遵守操作规程的习惯。操作规程是实验中必须遵守的规则和程序。这些规程是以科学理论为指导，并经过实践总结出来的。要求学生按操作规程进行实验，不仅是实验技能训练的需要，而且是实验素养锻炼的需要。严格按规程办事，并不意味着要求学生机械地、不动脑筋地操作；相反，要求他们积极地、按照科学的思维逻辑进行操作。要使学生懂得，不按规程办事，不仅会造成很大的实验误差，使实验失败，而且还会损坏仪器，甚至会造成人身安全事故。各种实验仪器有各自的操作规程，应当遵守，特别要制止严重违反操作规程的现象。例如，用导线把电源正、负极相连造成短路，用温度计作为搅拌器，用手抓天平的砝码等都是违反操作规程的。另一方面，应培养学生认真严肃、实事求是的科学态度和学习作风。物理是实验的科学。实践是检验真理的唯一标准，物理学的发展完全证实了这一点。我们做实验工作，测量时一定要严格要求，力求测得准确，并重视测定的数据，一定要从测定的数据中引出必要的结论。学生们进行的实验大都是前人做过的实验，而且有比较准确的结果，当实验测量的结果与前人不同时，应当怎样对待呢？常见的有两种情况：一是改一改数据，凑成"好的结果"；二是简单地把造成这种情况的原因归结为仪器粗糙。显然，这些都是错误的。我们应当首先承认实验的事实，再仔细分析实验条件和全部经过，必要时重做实验，找出产生误差的原因。有时，看上去实验是"失败"了，但对一个认真的实验者来说，其收益并不比顺利的实验小。

为了培养学生的科学素养，还应当支持学生进行反复实验，培养他们坚韧不拔的精神，培养学生追索偶然目标，善于发现问题的习惯，培养学生既从书本中找答案，又从实验中找验证的习惯，以及爱护仪器、注意整洁的习惯。只有从点点滴滴的要求做起，才能造就出一大批国家建设所需要的人才。

例如，在探究浮力的沉浮条件及相关的力学实验时，物理教师要严格按照大纲要求操作，并对学生进行严格的要求，促使中学生正确使用相应的实验器材，如弹簧测力计、量筒、烧杯的科学使用等。探究浮力沉浮条件可能需要的实验器材包括但不限于量筒、烧杯、铜块、铁块、弹簧测力计、水、线等。在探究铁块的浮沉条件的实验中，可以选择两种方法进行实验，首先是称重法。如图1-4-1所示。

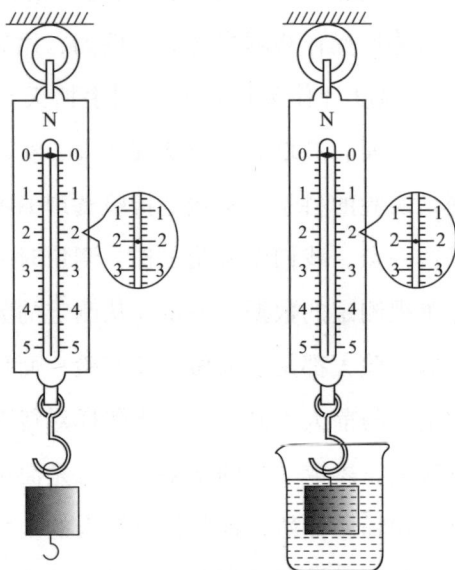

图1-4-1

另一种是阿基米德原理法。测量过程与实验数据详见图1-4-2。由图可见铜块的排水体积为20mL，根据$F_浮=G_排=\rho_水 g V_排$可知浮力。在使用弹簧测力计之前，物理教师一定要让学生注意观察其是否归零，所有程序都必须严格按照实验要求进行，切不可随心所欲地进行实验。

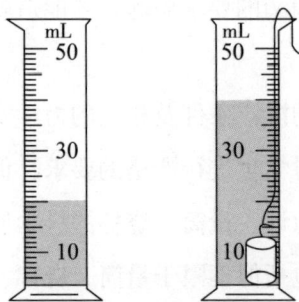

图1-4-2

再以电学实验为例进行说明。多年的教学实践让我们深深感到，学生能够根据题目要求和实验要求，熟练地画好规范化的电路图，也是做好电学实验的基本功的重要辅助手段之一。因此，在电学教学一开始，教师就应该注意加强这方面的练习和训练，严格要求所有学生在所有电学有关电路的作业练习中和电学实验报告中都要根据题目要求和实验要求画好规范化的电路图。用电流表测定电路中的电流强度，以及用电压表测定用电器两端的电压时，教师应要求学生绘出电路图，并且特别要求他们标出电源的正、负极和电流表、电压表的正、负接线柱（对初学电学的初中学生尤其需要严格执行这一要求）。学生通过这些练习，对熟悉电路和各种电学仪器装置与用法都有很大好处。此外，通过学生作业和实验报告中所绘的电路图也便于发现并纠正学生的错误（有些是概念上的错误，有些是带有根本性的错误，例如，少数学生往往把并联电路绘成短路等）。

同时，我们认为正确地、熟练地连接好实验的电路，也是初中电学实验的基本功之一。为此，应该要求学生在书面作业方面要进行连接实验电路和仪器、仪表读数的练习：

（1）要求学生能根据实验所给的条件和要求，设计并画好实验电路图；

（2）按实验电路图画好实物连接图，要求做到：

① 实物连接图和实验电路图中的各元件（仪器和器材）要一一对应。

② 实物连接图和实验电路图要能互相变换，变换时图中各元件都要一一对应。

③ 实物连接图中的仪器和器材的安排要合理布局，既要便于接线、便于检查，又要便于操作，便于观察、测量和准确读数。图互相变换时，图中各元件（仪器和器材）的位置不要随意改动。

④ 连接电流表和电压表时，要根据实验所给的条件和要求选取适当的

量程，并画在实物连接图上。

⑤ 选取滑动变阻器时，要考虑它的规格——变阻器的电阻范围和允许通过的最大电流值。

⑥ 连接各仪器和器材的导线尽量不要交叉。

⑦ 能正确地从仪表的刻度盘上指针所指的位置读出仪表的读数。

以上这些要求，也是书面考试的内容。当然，更主要的是要多让学生按照所设计的实验电路图或实物连接图自己动手连接并进行实验操作（为此，学校建立物理实验室开放制度）。这样多次反复练习，不断纠正缺点和错误，学生才能熟练地掌握基本实验仪器的操作技能和技巧。

在此基础上，为了让学生养成良好的实验习惯，并要求实验基本功能力过硬，学生一开始做实验，我们就严格要求他们自觉地按照仪器的使用规则以及实验一般操作规程做好实验。因此，在学生第一次做实验前，我们应把仪器使用规则和实验操作规程印发给学生。当然，这些规律性的东西，不可能要求学生一下就理解得很深刻，但其精神和要求，要有计划地渗透、贯穿于今后物理教学特别是实验教学的全过程中。在以后实验教学中要以这一精神为指导，认真地贯彻这些要求，做到经常对照这些要求，使学生反复领会，深刻理解，熟悉掌握，扎扎实实地打好实验基本功，切实提高实验质量，从而有效地提高学生的实验知识、实验能力和实验素养。

教学实践证明：做好了上述这些方面的工作，加强实验教学、提高实验教学质量，不仅有了思想上和物质上的坚实基础，而且有了计划和措施上的保证，各项实验活动就能落到实处，达到预期的实验效果。

下面是为学生编写的"使用学生电源时的注意事项"和"电流表的使用规则"。

（一）使用学生电源时的注意事项

（1）学生电源的工作原理。这里主要介绍学生电源是将220V市电变为低压交流电、直流输出的原理。学生电源是利用降压变压器将市电变为低压交流电，在副线圈上多引出几个抽头，得到多挡位的低压交流电，在此基础上利用二极管的单向导电性组成整流电路，得到多挡位的直流输出。

（2）学生电源各挡位实际输出电压值与标称值有差距。由于学生电源内部各电器元件不是理想器件（如线圈有电阻和二极管正向有电阻），也就是学生电源内阻不可忽略。在同一挡位上接不同负载时，一般输出电流不同，导致学生电源的内电压不同，输出电压也不同；并且有时市电压不稳定也会导致输出电压值不同。也就是说，学生电源上所标称的电压仅作参考。

（3）学生电源上的直流输出是广义上的直流（方向不随时间改变的电流），而不是恒定直流（方向和强弱都不随时间而改变的电流）。学生电源将市电变为低压交流电后，再经过二极管组成全波桥式整流电路，得到直流输出的是单向脉冲直流。

（二）电流表的使用规则

第一，识别电表。电流表有很多种类型，对于初中学生来说，只需要对直流电流表有所认识和掌握即可。第二，电流表是测量电路电流强度的仪表，使用时必须串联在待测的电路中。由于它的内电阻一般比电路的总电阻小得多，所以在不十分精密的测量中，可以近似地认为电路中原有的电流没有受到影响。电流表不允许直接并联接入电路。第三，绝不允许把电流表直接接到电源的两极上，以免烧坏电流表。第四，注意接线柱的正、负符号，一定要让电流由"+"接线柱流入，由"−"接线柱流出（如指针的零点在中央的则不必考虑这一点）。如果连接错了，电流表的指针就会向没有刻度的那一边偏转，从而打坏指针。第五，校准电表的零点（调零）：使用前应检查电流表的指针是否指在零点上，若不在零点上，应扭动表壳上的调整旋钮，使指针正对零点。

另外，还应注意电流表的量程（同时能从电流表的标志上认出它是直流的还是交流的）：每个电流表都有一定的量程（量度范围），所量度电路的电流强度不能超过电流表的量程。学校常用的电流表有两个量程，有三个接线柱：一个接线柱旁标有"–"号，另外两个接线柱旁分别标着0.6A和3A，这个表的两个量程分别是0～0.6A和0～3A。使用电流表前要看清仪表刻度盘的单位、量程和最小分度。

（三）电压表的使用规则

第一，电压表是测量电压的仪表。使用时必须并联在待测电路的两端。由于它的电阻较大，所以在不太精密的测量中，可近似地认为待测电压并未受影响。第二，电压表使用前应将指针调整到零点。第三，注意接线柱的正、负符号，一定要让电流由"+"接线柱流入，由"–"接线柱流出。第四，注意电压表的量程（同时能从电压表的标志上认出它是直流电压表还是交流电压表）：每个电压表都有一定的量程。当用有两个量程的电压表量度电压时，如果待测的电压预先无法估计，可以先用较大的量程试量，如读数未超过较小量程，为了提高测量的精确度，应换用小量程。第五，为了提高测量的精确度，读数时应正对指针观察。

（四）滑动变阻器的使用方法和注意事项

（1）弄清滑动变阻器上的规格参量（例如，标志"100Ω、2A"或"20Ω、3A"）的意义，能从规格参量的标志中认识滑动变阻器的电阻最大值和允许通过的最大电流值（额定电流）；能根据实验所给的条件、要求和需要合理地选择合适（适当规格）的变阻器；会选取变阻器电阻值的大体范围。

（2）使用滑动变阻器的目的是限流、降压或是分压，但通过它的电流都不得超过它的额定电流，以免烧坏绕线。

（3）用滑动变阻器限流、降压时接法如图1-4-3所示。应该注意，图1-4-3是等效电路。因此，图1-4-3其有效电阻都是AC段电阻R_{AC}。在图1-4-3的情况下，滑动变阻器的连接方法，要特别注意不能把金属棒（滑动杆）两端的接线柱C和B同时接入电路中，也不能把线圈两端的接线柱A和B串联在电路中，前者会造成变阻器短路，后者不能起到改变电阻以调节电流的作用。

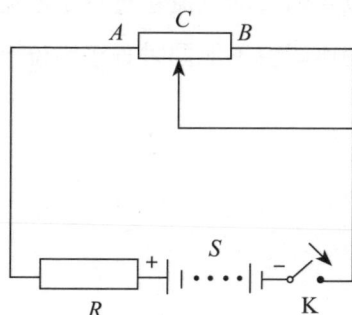

图1-4-3 电路图

应该注意：用滑动变阻器限流、降压时，在接通电路前应使变阻器的有效电阻调到最大值的位置，即把滑片推向B端（图1-4-3）。

在实验中利用变阻器时，根据实验的目的和要求，可以有两种不同的用途：第一种用途是调节变阻器的不同的有效电阻值，以便得到几组实验数据。例如，用伏安法测电阻的实验中，调节变阻器的不同的有效电阻值，可以得到几组实验数据，分别计算求出待测电阻的电阻值，以便求其平均值。第二种用途是适当地调节变阻器的有效电阻值来得到实验所需的一定电压值或一定电流值。例如，测定标有"6V"标号的小灯泡的额定功率的实验中，适当地调节变阻器的有效电阻值，使小灯泡两端的电压恰好等于额定电压（6V）时，再读出电路中电流表的读数。这样根据$P=UI$公式，可以通过计算求出小灯泡的额定功率。

（4）要注意滑动变阻器和电阻箱在使用上的不同：①电阻箱各个线圈的电阻值是定值电阻，它的电阻值是很准确的。而滑动变阻器的电阻值是可变的（滑动变阻器能够逐渐地变更电阻）。②电阻箱中所选取的电阻值不同时，允许通过它的最大电流值（额定电流）也就不同（低电阻值的线圈额定电流值较大）。而滑动变阻器允许通过它的最大电流值（额定电流）是固定的（对给定的变阻器来说）。③注意不要把电阻箱当作变阻器使用，以免通过的电流超过额定电流而烧坏电阻线圈。旋钮式电阻箱几个旋钮的电阻值不能同时置于零位上，否则会造成电源短路，损坏电源。

第二章

初中物理实验教学基本理论

第一节　初中物理常用实验方法

一、控制变量法

在我们研究一些物理问题做相关的实验时，往往会同时存在多个实验结果有影响的因素或变量，如果不能在实验过程中很好地控制各种因素对实验的影响情况，就不能得出我们想要得到的实验结果，这不仅无法让初中生们获取准确的实验数据，还会让他们倍感疑惑，甚至对物理实验产生厌烦的心理，不利于物理实验教学的顺利进行。因此，为了研究清楚各物理量之间的关系，或者想要弄清楚某一因素对实验结果究竟有怎样的影响，就要实现对一些物理量的控制，使每次实验时都只有一个物理量可以根据我们的需要进行适当的改变，最终解决所研究的问题。

例如，在我们带领学生研究电流与电压和电阻的关系时，我们就应该采用控制变量法进行实验。当验证电流与电压的关系时，就人为地控制电阻不变，通过改变电压的大小，观察电流的变化情况；抑或通过改变电流的大小，观察电压的变化情况，从而得出当电阻一定时，电压与电流成正比例的关系。同理，当验证电压与电阻的关系或电阻与电流的关系时，就要相应地保持电流或电阻恒定，从而得到最终的实验结论。

又如，在带领学生们验证压力的作用效果都与哪些因素相关的实验时，也应该采用控制变量法进行实验。我们知道，压力的作用效果与受力面积和作用力的大小有关，那么我们应该通过什么样的实验来进行验证呢？我们可以选择一块海绵、一个盒子、若干砝码和几块面积不同的塑料板进行实验。当验证压力作用效果与压力的关系时，我们可以保持使用同一块塑料板，通过改变砝码的数量，观察海绵的压缩程度变化；当验证受力面积对压力的作用效果的影响情况时，可以使砝码数量保持不变，通过更换面积大小不同的塑料板观察海绵的压缩程度变化，从而得知在受力面积相同或压力相同时，其他两个量之间的关系。

二、转换法

某些物理量不易测量，某些现象不易显示，研究它们时可以用易于测量的量、易于显示的现象代替。例如，弹簧秤握力计、牵引测力计等是把力的大小转换为弹簧的伸长量或者指针的偏转角度；微小压强计是把压强的变化转换为连通器中两边液面差的变化；水受热后的对流不易观察，但是借助于高锰酸钾溶液的流动可以清楚地表示热传递的情况；阴极射线难以用肉眼观察，利用阴极射线的机械效应（使叶轮飞旋）和荧光效应（使荧石发光）转化显示；电流表利用电流在磁场中的机械效应，把电流转化为指针的偏转后计量读数等。

在物理量的转换测量中，关键是如何根据某些物理原理和效应找出其转换规律。而实现这种转换的关键器件是传感器。一般来说，传感器由两个部分组成，一个是敏感元件，另一个是转换元件。敏感元件的作用是接收被测信号，转换元件的作用是将所接收的信号按一定的物理规律转换为可测信号。有时，一个器件也可以同时具有上述两种功能。传感器性能的优劣由其敏感程度以及转换规律是否单一来决定。敏感程度越高，测量便越精确；转换规律越单一，干扰就越小，测量效果就越好。

传感器种类很多，从原则上讲，所有物理量，比如尺寸、速度、加速度、振动参量、温度、压力、流量等都能找到与之相应的传感器，从而将这些物理量转换为其他信号进行测量。根据传感器和转换的物理量的不同，物理实验中常用的转换测量方法主要有电测法和光测法。其中电测法速度快、灵敏度高，便于自动控制和遥控，应用极为广泛。实验或实验室器材中电测法所用的传感器主要有电容传感器、电感传感器、电阻传感器、热电传感器（热电传感器种类很多，如金属电阻热传感器、热敏电阻传感器、P-N结传感器、热电偶等）、压电传感器、磁电传感器、光电传感器。

下面我们以转换法当中的放大法为例，对转换法进行详细的讲解。

在实验教学中，为了更好、更方便地对实验中一些微小量进行测量与显示，有时需要对一些量进行适当的放大。放大的方法通常运用在力学、电学、光学等实验中。下面以力学实验为例简述放大法的应用。

中学物理力学实验中的放大主要有两类。

（一）"时间"的放大

在运动学实验中，有时为了便于对某些力学量的测量，清晰地显示物体运动过程，以便于观察比较，需要使物体运动一定路程或下落一定高度所用的时间"延长"。对此常用的方法有两种。

（1）加阻力。如钢球在油中匀速下落。

（2）减小斜面倾角。如伽利略的"斜面实验""冲淡引力"的结果是放大了"时间"。

（二）"形变"的放大

形变的放大是中学物理实验中常用放大技术应用的典型事例。形变是力的作用效果。在力学中，形变的基本表现形式为体积、长度和角度的改变。而显示形变的方法既可用力学的方法，又可用电学（电子学）、光学的方法等。

1. 体积改变的显示

演示玻璃瓶受力形变的装置如图2-1-1所示。玻璃瓶受到压力产生的形变通常很小，只能引起玻璃瓶很小的容积的变化。这个装置所用的方法是将容积的变化通过红色水转化为细玻璃管中的红色小柱长度的变化而显示出来的（短轴受压、水柱上升；长轴受压、水柱下降）。液体（气体）温度计显示温度采用的也是这种方法：温度变化引起的液体（气体）体积的变化，通过液柱长度的变化来显示。

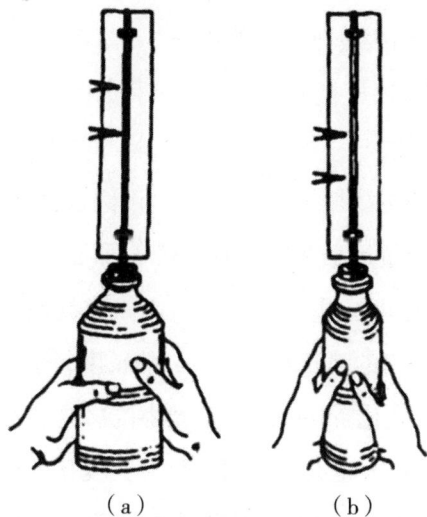

（a）　　　　（b）

图2-1-1

2. 长度（位移）及其变化的测量与显示

用力学方法对微小长度变化放大的典型事例，是钢丝受力伸长实验演示中所用的杠杆放大，如图2-1-2所示。

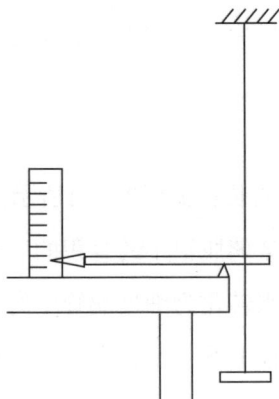

图2-1-2

热学中固体的热膨胀（线膨胀）也常用杠杆放大。如果一级杠杆放大后还不够明显，可采用两级放大的形式。

螺旋测微计和读数显微镜是另一个对长度及其微小变化放大后进行精密测量的典型方法——螺旋放大法。将与被测物关联的测量尺面与螺杆连在一起，螺杆尾端加上一个圆盘，设圆盘边缘等分刻成50格，圆盘每转一圈，恰使测量尺面移动$h=0.5\text{mm}$，那么轮盘转动一小格，尺面移动了0.01mm。若轮盘尺寸制得大些，比如轮盘外径$D=16\text{mm}$，则周长$L=\pi D\approx50\text{mm}$，每一格的弧长相当于$1\text{mm}$的长度，也就是当测量尺面移动$0.01\text{mm}$时，在轮盘上变化了$1\text{mm}$，于是微小位移被放大了。

进行必要的视角放大也有利于对长度及其变化的测量。正常人的眼睛能够分辨的角度视角为0.00157%，它在明视距离（约25cm）所对应的长度约为0.07mm，小于这个距离的图样细节人眼不能分辨，不管多么复杂的图样都将被看成是一个点。为了提高人眼分辨细节的能力，可将图形对人眼的张角加以放大，比如放大镜、显微镜等均为放大视角的仪器。由于这些仪器只是在观察中放大视角，并不是实际尺寸的变化，所以并不增加误差，因而许多精密仪器都在最后的读数装置上加一个视角放大设备以提高测量精度。

用电学方法显示微小长度变化，通常利用由长度变化引起的电学量的变化（如电阻的变化）来显示（如用示波器或用加了电流放大器的示数电表等显示）。

用光学方法显示可用光杠杆、投影放大面镜（平面、柱面或球面等）反射的方法。

3. 角度变化的显示

角度的变化有时可用加一个长指示针，用"放大"弧长的方法来显示；有时也可加一平面镜（类似于中学物理课本中介绍的罗兰实验，或冲击电流计中加平面镜采用镜面反射方法或镜尺法），用激光器直射，通过反射光线的变化来显示。

三、实验推理法

在物理学科中，很多概念、结论和规律都是要依靠物理实验进行说明和验证的，然而部分实验所需的实际条件往往会难以符合实验进行所需的要求，从而导致实验不能切实地进行。在这种情况下，就需要在进行实验的基础上适当地进行科学推理，根据现有条件和情况，推测出理想实验的结论，这种方法就是我们在这里所说的实验推理法。

例如，为我们所熟知的伽利略斜面理想实验就是运用了实验推理法进行的。要知道，任何物体之间都是存在摩擦力的，而伽利略则建立了一个理想化的斜面，忽略摩擦力，同时不计空气阻力。牛顿在这一实验的基础上，按照一定的逻辑原则，对实验过程进行详细的分析，并在分析的基础上进行科学推理，找出这个过程中存在的规律，从而诞生了著名的牛顿第一定律。众所周知，这个实验并不是完全依靠实验进行验证的，而是以实验为基础，加之科学而缜密的推理得出来的规律。

再如，"真空不能传声"这一论述运用的也是实验推理法得出来的。由于我们无法创造出一个绝对真空的环境，所以无法通过直观的实验对这一理论进行验证，这就需要我们在实验的基础上辅以科学推理：如果瓶内空气被抽成真空，将不能听到音乐声，由此可推出声音在真空中不能传播的结论。

四、类比法

所谓类比法就是我们通常所说的举一反三，也就是从特殊到特殊，从一般到一般的推理，根据两个不同但十分相似的对象推论出两者在其他方面的一些相同或相似的特点的一种实验方法。这样的变抽象为具体的方法可以帮助我们更好地理解物理现象，更好地掌握晦涩难懂的物理知识。例如，把肉眼可见的水流比作见不到摸不着的电流，把抽象的电压类比为水压，用形象的水泵类比抽象的电源，用波光粼粼的水波比作目不可及的声波等。通过这样的系列类比，可以让初中生更好地理解相应物理量，不再因为抽象的学习而感到厌倦，依靠生活中可见的东西或现象更好地掌握物理知识。

第二节　实验——初中物理教学研究科学思想方法

　　为什么物理教学必须以实验为基础，这首先是由物理学本身的特点决定的。实验在物理学发生和发展的过程中起着十分重要的作用，而实验成为物理学研究的科学思想方法，又是物理学发展的必然结果。

　　早在公元前2世纪，古希腊的学者阿基米德就通过实验发现了杠杆原理，传说他在锡拉丘兹城河岸把皇家巨轮拉向岸边，"假如我能立足于另一个世界，我就能移动地球"的壮语震撼欧洲。他还通过实验发现了浮力定律。后来由于教皇的黑暗统治，自然科学的发展几乎中断了2000年之久。直到16世纪，欧洲文艺复兴时期以后，经过达·芬奇、开普勒、哥白尼、伽利略等代表人物的奋斗，使过去孤立的实验手段发展成为系统的实验研究方法。特别是在伽利略时期，实验研究的方法已达到了成熟的阶段。他创立的实验研究方法可以归纳为观察、实验、假设，运用推理建立理想实验，运用数学方法建立数学模型（包括公式），运用实验方法加以验证，再对假设进行修正补充，使之完善为理论。伽利略运用这种方法发现了落体定律、惯性定律、运动相对性原理等。他是实验力学的创始人，有许多科学发现，但他的伟大不仅在于他有许多发现，还在于他使人们认识到新的研究方法——实验方法。自伽利略开辟了以实验研究为基础的航道以来，物理学的航船才真正开始扬帆远航：17世纪，牛顿完成了经典力学的科学体系，是在前人和本人的实验基础上完成的；18世纪，奥斯特做了通电导线磁现象的实验，唤起了以后的科学家研究电磁的联系，法拉第坚持探索电磁感应的实验达九年之久，并经过29年的时间完善了电磁感应定律，为人类社会进入电力时代打开了大门。在奥斯特、安培、法拉第等人实验定律的基础上，麦克斯韦以惊人的才华建立了电磁统一理论。19—20世纪，物理学在实验科学的推动下，更为迅速地发展起来……

考察16世纪以来物理学发展的踪迹，可以看到物理学的每一项重大的发展都是和实验的突破息息相关的。为什么物理实验研究的方法在实践中具有如此巨大的威力？

仔细考察物理学家进行实验研究的基本方法，可以归纳实验研究具有两个极其重要的思想特征。一是能动性的特征。实验研究方法是人类能动地认识和改造自然界的武器，其能动性体现在如下方面：第一，在这种实践活动中，科学家是带着明确的目的进行的，不是在做盲目的摸索；第二，科学家设计巧妙的实验方案，把复杂的条件简化和纯化，并人为地控制实验条件；第三，运用实验仪器扩大人们的观察能力，探索人们不能直接观察到的现象；第四，运用思维的能动作用，揭示物理的规律和能动地应用物理理论。二是理论与实践密切结合。伽利略开创的实验研究方法，既不是单纯的理论研究，也不是单纯的经验积累，它是理论与实践相结合的科学方法。下面，我们以伽利略对自由落体运动的研究为例来进行说明。

从公元前4世纪到公元16世纪的近2000年内，人们都信奉亚里士多德的学说，认为物体下落的快慢是由它的重量决定的，"重物比轻物下落得快"。伽利略从荷兰科学家西蒙·史特芬于1587年做过的大小不同的两个铅球同时落地的实验中得到启发，首先用反证的方法来揭露亚里士多德学说的内在矛盾。他说："如果亚里士多德的理论成立，把两个物体用线连在一起下落，那么轻的物体就会被重的物体拖着而变快，重的物体将被轻的物体拖着而变慢，而两个物体加在一起比原来的重物更重，因此，它们下落应当比原来的重物更快。"这样，就从同一命题导出了自相矛盾的结论。可见，亚里士多德的观点不能成立。伽利略并没有停留在从理性推论驳倒错误观点的阶段，他还为揭示自由落体的规律做了大量的工作。首先，他凭直觉思维做了大胆的猜测，认为自由落体运动是一种匀加速直线运动。他巧妙地运用数学工具把当时无法测定的即时速度和短暂时间的关系转化为可行的研究距离和时间的关系，并且用斜面的方法"冲淡引力"进行实验。他在7m长的木板上刻一条直槽，沿槽贴上牛皮纸以减小摩擦，在板的一端底下垫高60cm，使板倾斜，然后把小球从斜面的高端放下，用当时所惯用的水钟计时，再改变倾角，经过多次实验，验证了小球通过的路程与时间的平方成正比，从而证实了斜面上的小球做匀加速直线运动。在这个认识的基础上，伽利略运用理想实验的思想方法推论，当斜面倾角增大到90°时，小球应仍然做匀加速直线运动。

由上面这个例子可以看到，在伽利略创立的方法中，理论与实践联系得何等紧密。爱因斯坦赞誉道："伽利略的发现以及他所应用的科学推理方法是人类思想史上最伟大的成就之一，而且标志着物理学的真正开端。"

在这种方法中，理论与实践的关系是辩证统一的。以实验为基础并不意味着理论永远走在实验的后面。例如，牛顿发现了万有引力定律，计算出宇宙间的第一个普适恒量，但这个理论只是在提出以后才为卡文迪许的实验所证实，并促使人们发现海王星、冥王星。麦克斯韦在奥斯特、法拉第等人实验的基础上，提出了位移电流的假说，并引进了法拉第涡旋场的概念，统一了电磁理论，预示了电磁波的存在，直到他去世20年后，才为赫兹的实验所证实。正是由于理论与实践的对立统一，促进了物理学的发展。19世纪后期盖勒发现了阴极射线，到汤姆逊测出组成阴极射线粒子的荷质比，从而证实了电子的存在，宣告了原子不可分论的破产，但原子是怎样组成的，人们并不清楚。汤姆逊提出了"西瓜"式的模型，但这个模型是否正确呢？直到20世纪初，卢瑟福等做了有名的α粒子散射的实验，才否定了"西瓜模型"。原子有核模型提出来了，以后以玻尔为首的物理学家，通过研究氢原子光谱的实验又揭示了卢瑟福模型的内在矛盾，提出了电子轨道量子化的假说和"玻尔模型"。玻尔理论在解释氢原子光谱问题上获得了很大的成功，但在处理更复杂的原子问题时，理论和实验相差很大，遇到了不可克服的困难，于是量子力学应运而生。

至此，我们花了很多笔墨回顾物理学的发展，得到的启示是明确的：实验是物理学研究的科学思想方法。实验不仅作为一种技术性的手段，更重要的是作为一种思想在理论发展中起作用。可以说，实验的作用贯穿在理论发展的全过程，理论与实验的对立统一，促进了物理学的发展，因此，从某种意义上来说，这种对立统一是物理学发展的动力，我们应当站在这样的高度来看问题。如今实验研究的思想已不是物理学独有的了，它早已渗透到化学、生物、教育、心理甚至社会政治生活的领域。

第三节　物理实验教学的基本要求

一、充分调动学生的主动性，培养浓厚的兴趣

因为我们教学的对象是具有能动性的人，所以必须树立以学生为主体的思想。教师的主导作用应体现在调动学生的主动性和引导学生向正确的方向去学习知识和发展能力。考察一下周围的学生可以发现，有的学生爱好天文，有的学生爱好无线电，有的学生爱好航空模型，浓厚的兴趣吸引着他们，使他们极其主动地学习和实践。这些兴趣的产生和发展与教师的引导、环境的熏陶以及学生的亲身实践有很大的关系。培养学生的兴趣是调动学生主动性的关键。通过实验教学培养学生兴趣的意义在于，使他们形成最佳的学习动机和培养热爱科学的素养。

（一）用好奇的现象激发学生求知的欲望

当学生一开始接触物理学的时候，就应当给他们留下良好的第一印象，使他们感到物理学是非常有趣而又非常有用的科学。在他们学习物理的过程中，也应当不断地用一些生动、有趣的现象来培养学生的兴趣。

当然，做一些有趣的物理实验，并不是为了满足学生眼前的欢欣，而是为了唤起学生的好奇心以激发饱满的学习情绪和旺盛的求知欲望。例如，在一个金属网笼中装入小鸟，与静电起电机的一极相连。起电时，网笼与另一极发出噼噼啪啪的放电声和出现闪电现象，网外的验电羽全部张开，而网内的验电羽纹丝不动，小鸟在网中自若如前，没有丝毫的危险。看了这个现象，学生们就可能产生寻求答案的欲望。

（二）趣中涉疑，疑中涉趣，疑趣中涉难

人们常说，"学起于思，思源于疑"。但如果没有兴趣的引导和支撑，思维很难激发，也难以持之以恒。如果能做到趣中涉疑，学生就不会满足于眼前的热闹；如果能做到疑中涉趣，学生就会产生解疑的动力；如果能在学生的基础上涉及一定的难度，那么就能够引导学生突破定向思维，从而达到拓展思维的目的。例如，在学习牛顿定律以后，设计一个实验趣题，让两个学生用手掌分别托住一条均匀木板的一端，看谁能把木板拉向自己的一边，并且要解释获胜的原因。由于展开的是一场竞赛，所以学生的兴趣很浓，而要取得胜利就必须开动脑筋，这场看来是比力的竞赛实质上就变成了斗智。只要使自己托板的一端低于对方，往自己方向拉引，就一定能战胜对方。胜利的喜悦促使他进一步思索如何来解释获胜的奥秘。然而也并不那么容易，学生常常误以为木板倾斜后低端的支承力要大。实际上，在木板与支承端没有打滑以前，由于均匀的木板处于平衡状态，所以木板两端受到的正压力是相等的。又因为手与木板之间的摩擦系数可以认为相等，所以两端最大静摩擦力的数值相同。然而由于木板重力沿倾斜方向的分力作用，使高端的静摩擦力大于低端的静摩擦力，所以高端的静摩擦力先于低端达到最大值而产生了滑动。通过这样的讨论，学生在兴奋的状态中巩固了学到的知识，也学会了分析问题的方法。

（三）在学生亲身的实践中发展兴趣

兴趣起源于好奇心，还会增加在实践中成功的欣慰感，因此，我们要尽可能创造条件让学生多做实验。即使在教师的演示实验中，也不要忽视在必要的时候让学生登台表演。例如，在初二物理教学中，学习大气压强时，让两个学生登台表演，做马德堡半球的模拟实验，学生们是十分兴奋的。当他们用了很大的气力还拉不开时，教师把进气阀门打开，只轻轻地一拉，两个半球就分开了。这不仅为学生探索答案创造了条件，而且给他们留下的印象是相当深刻的。像这样的方法运用在功热转换（摩擦密闭铜管，使气体温度升高，再冲开管塞做功）的演示实验和"秤砣打不到鼻子"的单摆阻尼振动的演示实验中，都是很精彩的。登台者很高兴，观察者也感到很亲切。正是由于满足了学生好奇、好胜、好动和跃跃欲试的心理，才获得了如此良好的课堂效果。

除了在演示中让学生亲临其境，还要更多地让学生自己去做实验。在实验中学生可以找到施展才能的舞台，为自己取得的成绩而感到欣喜，特别是当他付出了艰巨的代价，克服了重重困难之后取得成功，更难抑制自己的喜悦。不要小看让学生亲自动手做一些实验，当他们第一次听到亲手装的晶体管收音机耳机中传来不甚悦耳的歌声，或是看到自己亲手装的小电动机吃力地转了起来的时候，他们的高兴是难以形容的。也许正是这第一次简陋的小实验把他们引入日后探索科学和技术革新的生涯。

总之，正如伟大的物理学家爱因斯坦所说："对于一切来说，只有热爱才是最好的老师，它远远超过责任感。"我们在进行物理实验教学的整个过程中，都要注意培养学生学习物理的浓厚兴趣。

二、实践与理论密切结合

（一）必须切实做到以实验为基础，在实验上下功夫

有些学校存在如下一些情况，物理仪器落满了灰尘，几乎没有使用过，或者仅仅做了一点演示实验，学生没有自己动手实验的机会；或者是运用演示实验草率验证一下教师讲授的理论；或者仅在学生毕业之前搞一次实验大展览……显然这样的做法起不到实验教学应有的作用。存在这些问题的原因很多，主要是没有确立必须以实验为基础的观点。

要切实做到以实验为基础，起码应当达到下列要求：

1. 尽量采用实验的方法

凡属必须通过实验建立的物理概念和规律，都应当尽量采用实验的方法，不要用教师单纯的讲解和黑板上的板书、投影仪上的幻灯片或电视录像片来代替。当然也可以运用这些辅助手段来提高实验教学的效果。

切实做到以实验提供的感性认识为基础，不仅是认识的需要，而且是培养思维能力的需要。那种急急忙忙导出概念、规律，让学生盲目相信结论、死记硬背的教学方法，不仅不能使学生理解物理原理，而且会造成思维僵化和凝滞的恶果。

当然，物理教学中的概念和规律并不一定都要通过实验来导出，这首先要看学生在日常生活中是否已经积累了足够的感性认识，还要根据学生的心理特征和抽象思维能力的基础来决定。当学生缺少感性认识，教师又是讲授由推理得来的规律和概念时，就必须用实验来加以验证。不要认为这是可有可无的。这样做不仅可以加深理解，强化记忆，而且可以让学生懂得这些概念和规律是怎样在实验的基础上建立起来的，使学生树立实践是检验真理的唯一标准的思想观点。

2. 实验要贯穿在教学的各个环节中

在学生对知识的形成、巩固、深化和应用的过程中都需要发挥实验的基础作用。实验的方法不仅要运用在课内（新授课、复习课、实验课和习题课等），而且要运用到课外（家庭作业、课外实验、课外活动等）。让学生在实践的基础上建立理论，又学会把理论返回到实践中去。例如，学生使用国际单位制很困难，其主要原因就在于他们缺少感性认识，与他们在日常生活中习惯使用的量度单位不同。针对这种情况，就必须让学生多做一些实验，使他们对这些单位有具体的认识。下面这些题目，可供初中学生在课外练习中使用国际单位时参考。

（1）称一下两个鸡蛋的质量大约多少克，算一下重力约有多少牛顿。（1牛顿）

（2）测一下自己步行100m的时间，求平均速度大约是多少米/秒。（1米/秒）

（3）称出课本的质量，算出它的重量是多少牛顿，再测出课本的面积，然后根据压强的公式计算出课本两页纸平放在桌面上对桌面的压强约是多少帕斯卡。（1帕斯卡）

（4）称出肥皂的重量（约1.25牛顿），把它从地面抬到桌面（桌高约0.8m），求对肥皂做的功大约是多少焦耳。（1焦耳）

（5）做抬腿运动，测一下每次抬高约多少米，每秒可抬多少次，若白球鞋每只重量为1.6牛顿，求对鞋子输出功率约为多少瓦。（1瓦）

这样做不仅可以使学生建立具体形象的数量概念，而且可以加深对这些物理量的物理意义的理解。

3. 要充分认识到让学生自己动手的意义

只听实验不行，只看实验也不行。必须让学生自己动手做实验。实验教学的诸项任务（培养兴趣、理解概念、掌握规律、培养技能、发展智力以及养成良好的习惯等）离开了学生自己动手是不能完成的。这个道理并不难理解，关键是要我们用高度的责任感和事业心去克服让学生动手实验的许多困难。

总之，实践第一的观点是辩证唯物主义的重要观点，只有按这个观点办事，才可能搞好物理实验教学。

（二）突出物理原理，把观察、实验和思维紧密结合起来

为什么要突出物理原理？有两方面的原因：一是出于"打好基础"的要求。通过实验教学手段，学生可以掌握必要的基础理论，这些理论对今后的学习和工作具有重要的意义；二是出于"培养能力"的要求。为使学生成为学习知识和驾驭知识的主人，培养能力十分重要，而思维能力是各种能力的核心，各种能力的发展受思维能力的支配，又促进思维能力的发展。因此，在以"物"为基础的同时，又必须以"理"为核心，必须把实验、观察和思维训练紧密结合起来。

例如，在教学中安排学生做许多测定物理常数的实验，从狭义的范围来讲，没有多大的实用价值，因为如今的测试精度已经远远超过中学实验所能达到的精度。因此，不是为测试而测试，而是通过实验突出测试物理原理，就可以使学生加深对物理知识的理解和提高灵活运用物理知识的能力。

第三章

物理实验教学的
基本方法

第一节　实验教学体系

一、研究实验教学体系的意义

　　研究教学方法不能只局限于一节课和一个实验的范围，必须从总的培养目标和教学任务出发，掌握物理知识体系和实验教学体系的内容和要求。只有切实重视整体构思，才能做到高瞻远瞩。

　　在中学，物理实验不作为一门单独的课程开设，而是随着知识理论体系展开的。因此，一些教师在钻研教学大纲时，往往对知识体系比较注重，而对实验的体系比较模糊，导致在实验教学中不能有效发挥实验的作用。对学生实验技能培养的阶段要求不明确，或者是许多必要的实验没有做，或者是虽然做了许多实验，获得的却是支离破碎的东西。这是造成实验教学质量不高的一个重要原因。要改变这种状况，一方面在编写大纲和教材时就应研究规划实验教学的体系；另一方面教师在钻研大纲和教材时，应认真领会大纲中实验教学体系的要求。

二、研究实验教学体系的基本要求

第一，明确实验在初、高中教学中的地位。中学物理教学大纲明确规定，实验不仅是物理学的基础，也是进行物理教学的基础。对初学物理的中学生来说，演示和实验更显得特别重要。高中物理中抽象思维的作用虽然有些增长，但实验的重要性却不能削弱，高中物理仍然以实验为基础，要十分重视实验。

第二，弄清初、高中对实验教学的不同要求。初中应特别强调通过实验教学培养学生学习物理的兴趣，切实以实验提供的感性认识为基础，培养学生的观察能力和形象思维能力，培养学生良好的实验习惯。在初中要求的基础上，高中则应注意通过实验培养学生的抽象思维能力，加强进行实验研究的科学方法的训练。

第三，掌握培养实验技能的要求。培养学生的实验技能应循序渐进，突出各阶段的重点要求。例如，在初中教学开始阶段，一定要抓好长度测量这一重点，通过一把尺的使用为今后测量打好基础。让学生观察比较不同量程和分度的刻度，并进行实际运用。在实践中学习正确的测量方法，了解误差的意义，并学会一些特殊的测量方法，这些方法虽然属于长度测量方法，但对其他物理量的测量都具有普遍的意义。长度测量的训练将贯穿于中学实验测量的始终，逐步提高要求，反复进行训练。从刻度尺到天平，从温度计到电表，不同的量程、不同的倍率、不同的分度都包含以长度测量为基础的训练。在基本仪器中，初中力学以刻度尺和天平为主，热学则以温度表为主，电学则以开关、电源、变阻器、电流表和电压表为主。高中长度的测量中增加了带游标的仪器，电学中增加了电阻箱、欧姆表，变阻器增加了作分压器的使用要求，还引入了示波器和信号源等较为复杂的仪器。

对误差的要求，初中只笼统地提误差的概念，不区分系统误差和偶然误差，只要求掌握用累计平均法减小误差（偶然误差）的方法。高中提出了系统误差与偶然误差的区别；要求用实验值和理论值（或多次平均代替理论值）计算误差，不要求由各个直接量的误差来求间接量的总误差；只要求根据仪器的分度正确测量和记录有效数字，不要求按规则进行有效数字的运算；乘除运算时，只需要保留2～3位有效数字即可。对于阅读实验教材和编写实验报告的要求，也是逐步提高的。初中第一册教材上大多给出了实验目的、器材、步骤，还画好了填写数据和计算结果的表格。高中一开始的几个实验也是这样编写的（基本要求教材），以后的实验则只写出原理和方法，让学生自己安排实验步骤和设计记录表格，这样做可以更好地帮助学生事先理解实验的目的、原理和实验的过程，以调动学生的主动性。

第四，钻研实验与教材理论体系之间的联系。为了搞好实验教学，选择适当的实验教学方法，除了在总体上把控实验与理论的关系，还应当逐单元地研究实验与理论的关系。钻研的内容是：

（1）哪些基本概念和基本规律必须（或较适合）用实验导出？

（2）哪些理论必须经过实验的验证？

（3）哪些概念需要通过实验来巩固和深化？

（4）如何从教材各部分的内在联系来安排实验教学方法？

（5）如何把实验技能的培养和理论体系有机地融合在一起？

下面以浮力的单元实验教学为例，阐明单元实验教学方案的制订方法。

浮力这一单元由三部分组成：（1）浮力的概念；（2）阿基米德定律；（3）物体浮沉条件及其应用。这里的基本概念是浮力，其核心内容是阿基米德定律，第（3）部分实际上就是阿基米德定律的应用。从历史上看，阿基米德定律是由实验探索得来的，但它不是一个纯粹的经验定律。浮力是物体浸在液体中所受的压力差，这个压力差是由液体内部的压强差所引起的。这个关系反映了它与液体内部压强的内在联系，但这种联系是后来的物理学发展中由概括性更高的知识推导出来的。从理论的形成和发展来看，我们可以导出两种基本的教学方法：

（1）用实验探索的方法得到阿基米德定律的内容，再用理论分析的方法进行论证。

（2）用理论分析的方法导出阿基米德定律的内容，再用实验的方法进行验证。

为什么一定要用实验与理论相结合的方法呢？因为仅用实验探索的方法，还不能使学生正确理解浮力的概念。当然，用理论分析方法，还必须有待实验验证。以上两种基本方法，究竟选哪一种较好呢？这还要根据学生的特点和水平来定。实验探索方法的思维形式是从具体到抽象，从个别到一般，有利于培养学生的实验探索能力、归纳推理能力；而理论分析方法的思维形式是从抽象到具体，从一般到个别，有利于培养学生分析能力、演绎推理能力。通常在教学中相辅相成。在这里，面对一般的初中学生，他们的抽象分析能力还比较弱，而且在日常经验中，对浮力的感性认识不足，存在着不少模糊的观点，再加上浮力这个概念牵涉的因素比较复杂，所以，一般选用由具体到抽象、由个别到一般的方法较好。

教师在教学时应以浮力这个概念为线索，进行实验教学，首先让学生认识到浮力的存在，进而探索浮力与哪些因素有关；其次定量地研究浮力的定律，并用理论分析的方法加深对浮力概念内涵意义的理解；再次认识浮力概念的外延，把浮力定律推广到气体中去；最后用两力平衡的条件研究物体的浮沉条件，从而加深和巩固对浮力概念的认识。

第二节　演示实验教学方法

通过演示实验进行教学是课堂教学的重要方法，其手段是演示实验。它是课堂上教师进行教学引导和示范的重要形式。它的特点是通过以教师为主的演示表演，将研究的物理现象展示在学生眼前，引导学生观察、思考，配合教师的讲授、学生自学、相互之间的讨论等方式完成课堂教学任务。一个成功的演示教学方法常常会给学生建立起永不磨灭的鲜明印象，使整个课堂气氛变得异常活跃，教师渗透着热爱科学的感情感染着学生，把坚毅、有胆识、有条不紊和踏实细致的作风潜移默化地传给学生。因此，教师们应当非常重视运用和研究演示实验的教学方法。

一、演示实验的类型

为了更好地运用演示实验的教学方法，必须首先了解演示实验的分类，从演示在教学中的作用来划分，有如下一些主要类型：

（一）引入性的演示实验

它的目的在于激起学生对所研究的问题的兴趣，从而调动学生的求知欲。这类实验只提出问题而不作回答（结论）。对于那些重要的、难以理解的或者是比较平淡的课题，为引起学生足够的重视，用精彩的演示实验，使学生产生悬念，往往能获得较好的效果。紧跟着这些演示实验的后面，可以根据教材内容的不同特点和学生的情况，采用适当的方法，如自学课文的方法、教师讲授分析的方法、教师继续用演示探索的方法、学生实验的方法、讨论的方法等来满足学生求知的欲望，回答引入时提出的问题。

（二）探索性的演示实验

这类实验为建立概念和规律提供必要的感情素材，并通过它引导学生在观察中去粗取精、去伪存真、由表及里，将感性认识上升到理性认识。例如，导出牛顿第一定律的演示实验、研究大气压强存在的演示实验、建立欧姆定律的演示实验等。通常，对那些不容易由较概括的理论推导出的概念和规律，或者用推理方法对于学生的思维水平尚不适应的，由学生自己艰难探索的比较复杂的教学内容，多采用探索性演示的方法。教师运用这种方法可以较好地引导学生在比较有限的时间内建立概念和规律，并通过这种方法的示范教给学生探索物理规律的方法，从而为他们自己进行探索性实验做好准备。在这种方法中为了更好地调动学生的主动性，应配合启发性的讲授，或采用边演示边讨论的方法等。

（三）验证性演示实验

用推理的方法从旧有的概括性较强的理论中导出新的知识，或者由师生共同讨论提出假设、猜想和理想模型，为了检验这些理论是否正确，还必须通过实验验证，其中一种就是由教师演示来加以验证的。例如，初中物理中的焦耳定律，可以用实验探索的方法，也可以用实验验证的方法。当电流通过导体的时候，电流做功使电能转换为热能。让学生猜测电流产生的热量与哪些因素有关，有什么关系。有的学生提出一些错误的假设（如与电流成正比，与电阻成反比），有的学生根据已经掌握的知识 $W=UIt$，推导出 $W=I^2Rt$ 的结论，由此可以想象，电流产生的热量跟电流强度的平方成正比，跟导体的电阻成正比和通电的时间成正比，这个结论是否正确，必须由实验来验证。此时，让学生讨论提出实验的方案，再由教师演示，验证了上述结论正确，于是使学生认识了焦耳定律。

（四）加深理解、应用概念和规律的演示实验

这种实验广泛地应用在教学中，成为巩固理论、纠正错误观点和训练思维的有效途径。例如，在牛顿第三定律的教学中，开始我们用两只弹簧秤对拉，得到它们相互之间的作用力大小相等、方向相反的结论，但只从这一特殊的例子引入还不够，学生对牛顿第三定律的理解还存在不少错误观点。例如，有的学生认为有动力的物体能够对无动力的物体施力，而反过来，无动力的物体却不能对有动力的物体施加反作用力；有的学生很容易把作用力、反作用力与平衡力混淆。为了澄清错误观点，可以利用小车做一些演示实验，甲小车上装一只小电动机，在电动机的轴上装绕线盘，用线盘上的线牵引乙小车。演示前用手指把甲小车的电动机常用闭型按键开关的链按住，接通闸刀开关，使小车处于准备启动状态。演示时，松开手指，使电机开关接通，于是两小车同时启动，直到它们相遇为止，测量它们产生的位移，可以知道不仅乙小车受到甲小车上马达卷线产生的拉力，同时甲小车也受到乙小车的拉力，而且大小相等。有作用力必有反作用力，不受有无动力的限制。继而在乙小车的轮下垫一张纱布，重复上述实验，分析甲小车运动的原因和乙小车静止的原因，可以使学生认识相互间作用力和平衡力的区别。如果让两个小车在原来处于水平状态的木板上运动，则在牵引的过程中支承板始终处于平衡状态。让学生观察、分析上述现象，从而锻炼了学生综合应用牛顿第三定律，由固定轴转动体的平衡条件来分析现象的本领。

二、演示实验的基本要求

不论应用哪一种类型的演示实验，为了很好地发挥它在教学中的作用，就实验本身来说，必须注意如下几个方面：

（一）演示实验要求明显和直观

因为演示实验主要是教师做给学生看的，通过展示的现象来讨论物理问题，所以使现象明显是最起码的要求。能否考虑让教室里的每个学生都看清楚演示现象是教师心目中有没有学生的体现。为了使现象明显，仪器装置的尺寸要足够大，测量仪表的刻度要比较粗，还应充分考虑仪器的背景、色泽、放置位置的高低和方向。必要的时候，可以采用机械放大、电放大和投影（光）放大的手段来增强可见度。

为了在课堂上使学生把观察到的现象尽快地与思维加工联系起来，演示除明显外还必须直观。出于同样的观点，在采用放大手段使现象明显时，应该更侧重于直观的要求。例如，显示温度的变化，普通温度计不明显，用热电阻温度计把温度信号转换为电信号再用电表来显示，是完全可以解决不明显的问题的，但对于初学热学的学生来说就很不直观，所以不如降低精度的要求。

（二）要提倡用简单的方法和自制教具进行演示

所谓简单，就是尽可能地在仪器和方法中把次要的干扰因素排除掉，提倡用简单的方法和自制仪器演示，包括用学生日常生活中常见的物品，"坛坛罐罐当仪器"，"拼拼凑凑"做实验。这样做可以更好地突出物理原理，有利于认识物理规律，同时，也使学生感到亲切、有兴趣、印象深刻，有利于消除学习物理、进行实验研究的神秘感，培养他们在一般条件下从事实验活动的素养。例如，说明空气浮力的实验，用一根长的木条、排球、气球进行演示，效果就比用天平、玻璃球泡、钟罩和抽气机好得多。从心理上分析，采用简单熟悉的器件做实验，可以唤起学生对日常生活中类似物理现象的联想，激起思维的兴奋，在大脑神经负担不过重的情况下，留下深刻的印象。因此，能否把复杂的过程简单化，这反映了设计者的水平，即使在科学发展、自动化水平相当高的将来，演示实验也还是要坚持力求简单的原则。例如，如果能把抽象的计算机语言原理用相对浅显的演示实验加以说明，那么高深的知识就将为更多的人所掌握。这个道理是不难理解的。

（三）演示实验要力求操作方便、可靠

因为课堂教学的时间非常宝贵，不允许把操作的时间拖得过长，所以要力求操作方便，同时也要做到一次成功。否则，课堂演示的失败将导致很坏的效果。当然，课堂上也不能保证万无一失，有时也会出现意想不到的挫折，此时，需要教师冷静地对待，变坏事为好事。例如，在电学演示中，突然出现故障，教师就可以把排除故障的过程变为技能传授的过程。

（四）演示实验要突出启发性

上述各条要求为搞好实验教学创造了有利条件，但尤为重要的是要选择富有启发性的实验和运用启发性强的方法，有效地调动学生的积极性，使学生学到活的知识。例如，初中物理教师在讲授大气压强相关内容的教学时，可以利用一次性针筒演示大气有压强，且其方向是各个方向都有，或用学生茶杯、硬纸片验证大气有压强，均能达到目的。又如："摩擦起电及电荷的相互作用"一课，剪两长条（30厘米）干净干燥的塑料袋条，一头拿在手中，用另一手指夹着从上向下摩擦几次就可见两长条塑料的末端会分开（相斥）。用两长条干净干燥的报纸，照此办法，也有相同现象。但若把一长条塑料和一长条报纸，一端分别夹在手指的两缝内，摩擦手会看到两条的末端相互靠拢（相吸）。此实验学生可以亲自动手，效果很好。

三、设计演示教学程序，搞好演示实验教学

在完成了单元实验教学总体构思和选定了演示实验项目以后，重要的工作就是设计演示实验教学的程序。这个程序反映了教师如何实施实验教学的过程。实验教学的目的、实验设计的思想都将在这个程序中体现出来。设计演示实验的教学程序应从两个方面来考虑：第一，从实验现象提出问题，或者从问题引入实验，激发学生的求知欲，自始至终使学生的思维处于积极状态，使他们既产生把演示实验观察到底的积极性，又产生理解理论的迫切性。第二，按照由浅入深、由易到难、逐步深入的认识规律，使学生不断得到满足，实现认识上的飞跃。

下面，我们举几个演示实验教学程序的例子。

（一）液体蒸发时温度降低的演示实验

（1）问：为什么扇扇子人会感到凉爽？

答：因为空气流动形成风，风可以使皮肤表层的温度降低。

（2）问：用扇子对着温度计扇，会出现什么现象？（温度计的玻璃泡是干燥的）

答：温度降低。

实验的结果并不降低，这是为什么？

（3）用两支液体温度计进行对比演示：首先把一支温度计插入酒精瓶中，量得的温度与另一支测室温的相同，然后把瓶中温度计拿出用棉花把这只温度计的玻璃泡包上（薄薄的一层）。再在棉花上滴几滴酒精。这时我们可以看到，包着湿棉花的温度计显示的温度比不包湿棉花的温度计低。

（4）把酒精温度计上的棉花用镊子夹走，可以见到待酒精蒸发完以后，温度又回升了。由此可以得出结论：液体蒸发时温度会降低。

（5）用扇子对准包着湿棉花的温度计扇，可以见到温度下降加剧，由此可以回答开始提出的问题。

（二）初中物理力学低成本演示实验教学案例

1. 弹力产生原因演示

在初中物理教学中，弹力的定义指物体由于发生弹性形变而产生的力。大部分教师在教学过程中只是简单地让学生了解弹力的存在和初步认识弹力，并没有深入地讲解研究，因此，初中学生对于弹力这一概念比较模糊，很容易忘记，导致他们进入高中后还需要再复习一次弹力的基本知识。本实验选择使用一根橡皮筋和一个乒乓球作为主要器材，所选材料为生活中常见的物品。

实验步骤：第一步，取一根橡皮筋放在桌子上拉伸至原长并固定住，在橡皮筋之间放入乒乓球。第二步，将乒乓球和橡皮筋同时向后拉伸，这时让学生观察橡皮筋形状的改变，接下来松开手，乒乓球受到弹力的作用后会向前运动一段距离，这就很形象地表现出了弹力的效果，学生也很容易记住弹力产生的条件。

2. 惯性实验演示

惯性对于中学生而言，是一个比较抽象的知识点，在学生的生活中虽然有关于惯性的体会，但自己却很难用语言表达出来。为了让学生更直观地认识惯性，须用实验的方法来验证。本实验选择随处可见的矿泉水瓶作为主要器材。

实验步骤：第一步，将矿泉水瓶中装入半瓶水横放在桌面上。第二步，用手握住瓶身，快速将矿泉水瓶向前推动一段距离后立即停止，虽然矿泉水瓶已经停止运动，但由于瓶中的水具有惯性，还会继续向前运动，学生观察到水向前运动时还能听到"咣当"一声，这与学生日常坐车遇到急刹车时身体猛然向前倾的情况十分相似，使学生对惯性概念有了自己的认识，有助于帮助学生掌握知识。

3. 浮力产生原因演示

浮力的概念对于初中生来说比较抽象，教材上对浮力也没有过多的解释。本实验选择已废弃的矿泉水瓶和一个常用的乒乓球作为主要器材，材料易得、廉价，实验结果很好地展示了浮力产生的原因。

实验步骤：第一步，取两个矿泉水瓶的上半部分，把乒乓球放入没有把瓶盖打开的倒立矿泉水瓶中，往瓶中倒水，发现乒乓球开始慢慢浮起来。第二步，将乒乓球放入另一个盖子打开的矿泉水瓶中，盖口向下，使乒乓球接触矿泉水瓶底部，不断往瓶中倒水，直至水面高于乒乓球的高度，发现乒乓球并没有浮起来。

通过分析可知，乒乓球浮于水面上，必然是受到了水给它的一个向上的作用力，也就是浮力。进而给出浮力的具体概念：浸在液体里的物体，受到液体向上的托力，这个力就是浮力。通过实验现象学生能够更清楚地理解浮力产生的原因和概念，同时也能激起学生学习的兴趣。

第三节　学生实验教学方法

一、课内学生实验的教学方法

（一）探索性实验的教学方法

探索性学生实验是让学生亲自通过实验观察、测量，研究总结出物理规律的实验。通过这种方法使学生学习知识的过程变为探索知识的过程。然而这种探索过程不同于科学家探索、研究的过程，不同点表现在教师的主导作用方面。教师精心设计和指导可以调动学生的主动精神，创造学生认识规律的环境，启发学生积极思维，较快和较好地完成探索性任务。对于探索性实验教学应当抓好以下几个阶段的指导工作。

1. 引导准备阶段

引导准备阶段的主要任务是使学生明确探索的目的，了解探索的方法，并做好探索实验技能上的准备。为了使学生产生探索的欲望，明确探索的目的，必须揭示旧有知识所不能解决的矛盾，提出需要解决的问题。

明确了探索的目的，还必须进一步认识探索的方法和途径。根据教学内容和实验的难度以及学生的具体情况，可以采用不同的方法，通常有两种做法：

一是由教师根据实验目的，设计一系列的程序实验，使学生通过对实验现象的分析和综合，最后总结出物理规律。在实验前把这一系列程序实验提纲发给学生作为预习准备。这种方法多用于定性分析的探索实验。

［磁体、磁极和磁场特性的探索］

实验1：用一块条形磁铁渐渐地接近由铁、铜、铅、铝、镍、木材、玻璃和纸制成的物品。你有什么发现？

实验2：把一些小铁钉平摊在一张白色的纸上，再把一根条形磁铁平放在小钉上，然后平提起磁铁并轻轻抖动一下，结果是什么？

实验3：用细线把磁铁平挂起来，使它可以自由转动，静止后的方向如何？

实验4：在条形磁铁和磁针之间分别放一块玻璃板、铝板、纸板和铁板，看看能否挡住磁铁对磁针的作用？

实验5：在条形磁铁上放一块玻璃板，并撒上铁屑。用铅笔轻轻敲打玻璃板，有什么现象？如果把小磁铁放在玻璃板上，磁针的方向如何？

实验6：用磁铁的一个极在钢针的表面上沿一个方向摩擦数次，用磁针检验，摩擦过的钢针有什么变化？

通过以上一系列实验，就能使学生认识磁体、磁极和磁场的特性。

二是启发学生自己来设计探索方案。让学生自己设计方案，一般应从较为简单的实验入手，通过示范性探索实验给学生一个模仿的样品，并用启发性强的问题，引导学生认清实验的设计思想和所依据的原理，这样才能为他们自己设计创造好条件。此外，也可以通过在教师引导下学生讨论来设计一种最佳的实验方案。例如：

［测量圆的周长和直径的实验］

开始教师提出："怎样测出不能用尺去直接量的某一长度？例如圆柱体的圆周长。"学生们相互讨论、补充，归纳起来有四种方法：①让圆柱体的侧面沿刻度尺滚一周；②把圆柱体立在纸上，用铅笔沿着它的下周缘画出一个圆，再用测曲线长的方法测出周长；③用棉线绕圆柱体一周，剪下后测棉线长；④有的学生看到实验桌上放有纸条，提出用纸条代替棉线，但说不清楚这样做的优点。

接着，教师引导学生来评价这四种方案。经过讨论，大家认识到第二种方法太麻烦，第一、三种方法不易作准确，第四种方法较好。当学生明确了具体的做法后，就准备动手操作了。

学生理解了实验的设计思想和原理，设计出合理的实验方案，还不能认为已经完成了必要的准备工作，必须考虑学生是否具备了进行实验所需要的技能。只有在实验前，教师为学生基本铺平了道路，才能使学生在有限的课堂时间内，把精力放在解决主要矛盾方面。

［研究晶体的熔解和凝固过程］

在"研究晶体的熔解和凝固过程"的教学中，用演示实验在课堂上花的时间太长（至少20min），而且温度显示不明显，因而效果不好。如果让学生自己探索，发现"晶体在熔解和凝固过程中温度不变"的特性是很好的，但它的难度比较大，应当从实验本身和学生两方面着手做好准备工作。

过去用萘做实验困难较大，因为萘的导热性比较差，所以需要改进，改用硫代硫酸钠晶体（定影粉中的药剂海波）以后，熔解特性曲线描绘得比较好，但会出现凝固过冷现象，过冷到20℃（熔点47℃～48℃）都不凝固，经过实验研究，在海波中混入少许粉笔灰或石墨粉以后就可以解决过冷现象。为了保证熔解和凝固过程中，始终处于两相共存的状态，制作一个螺旋状的搅拌器，以使搅拌均匀。由于做了这些研究工作，实验的成功率得以提高，为学生做好实验创造了条件。

从学生方面来看，进行这一探索性实验有两大困难：一是在加热的过程中使用温度计读数困难；二是描绘温度—时间的图像困难。对他们来说，是第一次用这样复杂的图线来研究物理问题。因此，需要分散难点，通过长时间的铺路搭桥，逐步培养学生的实验技能。

一般引导准备阶段，主要是在学生预习时完成的，这是培养学生自学能力和进行实验设计思想教育的一个重要机会。

2. 实验探索阶段

在这个阶段，中学生将亲自动手实验、观察、测量、记录，把实验的设计思想变为实践探索过程。在这里，将着重培养学生的观察能力和独立操作能力。

在教师设计的实践中，应用启发性强的思考题去指导学生独立操作，控制和改变物理条件，并明确观察的重点，及时捕捉对探索规律有用的物理现象，并学会用图示和表格的方法记录现象，为总结规律奠定基础。

如果实验方案是学生自己设计的，教师要注意加强指导。对学习基础和能力较差的学生，要注意及时地启发他们纠正设计中的错误，给予较多的关心和鼓励；对于能力比较强的学生，发现他们设计上有错误，如果不违反操作规程，可以让他们在碰壁以后，启发他们自己解决问题。总之，既要发挥教师的主导作用，又要以学生为主体，千万不要包办代替，使各种水平的学生在不同程度上得到较大的收获。

［研究杠杆的平衡条件］

让学生研究杠杆的平衡条件，如果把每次的实验条件一一告诉学生，并让他们填出动力×动力臂、阻力×阻力臂的数据，那么，虽然实验非常顺利，但失去了探索的意义。如果让学生自己去摸索，很可能达不到探索的目的。

因此，恰到好处地进行启发是非常重要的。对于成绩好一些的学生，可以这样来进行启发：

（1）给出四只钩码，让你们自己摆弄，如何使杠杆平衡？（钩码挂在刻线上）

学生们像参加游戏一样，兴趣很浓。他们多半是从最简单的情况开始，两边对称地挂上相同的钩码。

（2）有其他的挂法吗？

学生们又重新摆弄，很快得到左、右边力和力臂分别为（3，1）和（1，3）的情况，因为3+1也等于1+3，所以他们还不能找出 $1 \times 3 = 3 \times 1$ 的关系。

（3）在杠杆的左边第四条刻线处挂6个钩码，在右边挂钩码，怎样使杠杆平衡？有几种挂法？学生们又忙碌起来，得到了右边力与力臂分别为（6，4），（12，2），（8，3），（4，6）的情况。这样就为他们总结规律创造了条件。

（4）如果在右边挂5个钩码，能否使杠杆平衡？

这一步既可以使学生进一步证实自己探索的规律，又是对学生应用规律的一次锻炼。掌握了规律的学生可以不必再用试探的方法寻找平衡点，而是用平衡条件算出应该悬挂的位置，再用实验来加以验证。

（5）如果用弹簧秤沿竖直向上的方向来拉杠杆，能否使杠杆平衡？改变力臂分别做几次实验，看看得到的结论与你前面探索得到的结论是否一样？

对学生成绩比较差的班级，可以只用3个钩码，让学生通过摆弄得到探索的锻炼。

3.分析总结阶段

这是从现象上升到理论的重要阶段，可以说是完成探索任务的重要阶段，在这个阶段教师要引导学生发挥思维的能动作用，重点培养学生分析综合能力、逻辑推理能力、科学想象能力和思维创造能力。

（二）验证性实验教学方法

实验验证是物理科学研究中的重要环节，也是使学生掌握理论知识和培养技能的重要方法。在实验教学中，不仅要有教师的验证性演示实验，而且要有学生自己动手的验证性实验。搞好验证性学生实验教学的关键有两个：一是使学生认识验证的必要性；二是使学生学习验证理论的基本方法。

传统的学生实验多半是验证性的，但它和物理学研究中的验证实验有很大的差别。物理学中的验证方法是探索物理规律的重要环节，物理学家在使用这种方法时，始终是处于积极主动地位的。而过去教学中的验证实验却往往与教学割裂。学生在做实验时，已经承认了需要验证的理论为千真万确的真理（教师已向他们做出了结论），因此，完全失去了验证的迫切性。更有甚者，为个别学生拼凑数据创造条件。在这种情况下，有人就主张尽量地把验证性实验改为探索性实验，这是一种片面的看法，需要的不是取消验证性实验，而是要改变那种不符合科学验证思想的教学方法。改进的指导思想就是要把验证实验作为实验科学研究中心的一个重要环节来对待，使学生认识验证的必要性，学习验证理论的基本方法，巩固和加深对被验证的原理的理解。从这个角度来看，验证性实验也就成了探索中的一个组成部分。

为了能够达到上述要求，教师在教学的过程中就应当做出示范，不要让学生盲目轻信未经验证的假设和推理，即使是很合乎逻辑的也应当经过实践的检验，养成科学的学习习惯。在每一个具体的实验教学中，用思维矛盾来促使学生产生必须进行验证的愿望。不仅要有通过验证而确立为真理的实验，也要有通过验证而肯定为谬误的实验。下面举一个例子进行说明。

［研究光现象］

八年级物理课程中有"光现象"这一部分，前三节的内容分别是"光的直线传播""光的反射""平面镜成像"。第三部分的内容包括第一部分中探究平面镜成像的特点和第二部分中解释平面镜成像的原理。在光学的教学过程中，教师需要培养学生利用光路图解决问题的能力。学生学习了光的直线传播，应该能够通过作直线光路图解决相关的问题；学生学习了光的反射定律，应该能够通过作反射光路图解决相关的问题。所以，光学的教学思路是教师让学生先掌握相关的光学原理及作图方法，然后用已掌握的原理及作图方法解决生活中的光现象，这才是教给学生最本质的东西。

平面镜成像如果改为验证性实验教学，按照"先利用光的反射解释平面镜成像原理，了解平面镜成像特点，再进行实验验证"的思路走，更符合上述的教学思路，为培养学生利用光路解决问题这一目标服务。验证性实验的具体操作流程可以是：问题（根据实际情况可以省略）—原理（可以省略）—结论—设计实验—验证结论—应用。

1. 原理

学生在第二节已经学习了光的反射作图，接着教师就可以引导学生利用光的反射解决生活中的光现象。第二节的学习中，学生探究了光的反射定律后需要练习光的反射作图，笔者让学生练习了几个反射作图并掌握作图技巧后，给出下面的题目让学生作为课后作业。

题目：点光源可以发出无数条光线，图3-3-1已画出光源S发出的两条光线照射到平面镜上。画出这两条光线经过平面镜后的反射光线。

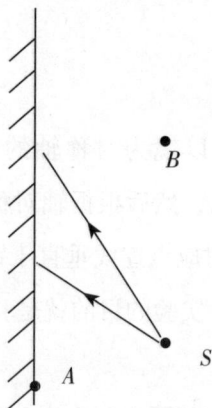

图3-3-1 光的反射

这个题目既可以进一步训练和检验学生光的反射作图，又可以为下一节利用光的反射光路图解释平面镜成像原理做准备。下一节课，教师先检查这道题的作图情况，然后在屏幕上投影以下问题引导学生通过作图理解平面镜成像的原理：（1）怎样延长这两条反射光线才能有交点？请把交点找出来。（2）以B为眼睛，你认为眼睛看到S在平面镜中的像在哪里？

教师并没有直接告诉学生平面镜成像的原理，而是通过上面的问题引导学生作图找出S的像，这样可以让学生不经意地经历了利用光路图解决问题的过程。教师接着解释什么叫虚像，由S发出的光线，经过平面镜反射后，反射光线的反向延长线必定经过对应的像点S′。教师接着设问：（3）请画出从S发出的一条光线照射到A点被反射的完整光路。你可以有几种作图的方法？（4）以B为人的眼睛，由S发出的一条光线经过平面镜反射后，刚好经过眼睛B，请画出这条光线及其反射光线。

第（3）小问可以用光的反射定律或平面镜成像原理作图，目的是检测学生能否用平面镜成像原理解决问题。第（4）小问只能用平面镜成像原理解决。教师评讲完第（3）小问后，再投影第（4）小问，让学生有再次巩固提升的机会。

2. 结论

平面镜成像中像与物是以镜为对称轴的轴对称图形，教师通过图3-3-1引导学生得出这一结论，然后根据轴对称图形的特点得出平面镜成像的特点：像物大小相等；对应点连线垂直于镜面；像到镜的距离等于物到镜的距离。学生在后面设计实验的目的就是验证这三个结论。

3. 设计实验

学生清楚了实验目的后，就可以写出实验步骤、设计实验表格等。这一过程跟探究实验的过程是一样的，都是让学生自行设计实验，同样可以锻炼学生各种实验能力。

4. 验证结论

学生设计好实验后，教师对各个小组的实验方案进行点评，确定最佳的实验方案后，就可以让学生按照实验方案进行实验验证结论。

光学这部分内容的主要任务是培养学生利用光路图解决问题的能力，为了达到这个目的，笔者认为，探究凸透镜成像规律也可以改为验证性实验教学。学生学习了凸透镜的三条特殊光线作图后，教师可以引导学生利用两条特殊光线作凸透镜的各种成像光路图。因为学生已经会作三条特殊光线，所以，教师只需要适当引导，学生就可以作出像。学生通过作图知道了凸透镜成像规律之后，教师再让学生设计实验验证结论。这一过程也是培养学生利用光路图解决问题的能力。

二、课外学生实验的教学方法

（一）课外学生实验的意义

随着教学改革的深入，教师们越来越感到课外教学渠道的重要性。有人称它为第二教学渠道或第二课堂，课外实验就是其中的一部分。它可以巩固和发展课堂教学的成果，是培养人才的一项重要措施。它有如下优点：

第一，有利于发展学生的兴趣爱好，及早地发现人才和培养人才。实践证明，很多的人才之所以在他的事业中做出贡献，和他对事业的热爱是分不开的，而这种热爱，在学生时期就播下了种子。除了通过课内的教学培养学生的兴趣，课外也是一个重要的领域。因为它更能满足学生的特殊爱好。教师可以针对不同的学生布置不同的课题，学生可以根据自己的爱好和能力选择不同的课题，这样有利于贯彻因材施教的原则。本来对物理不感兴趣的学生，通过这些活动，可以产生兴趣，本来有兴趣的学生，可以使兴趣更浓。有的学生通过课外活动影响了他的志向。对更多的人来说，培养对自然科学的广泛兴趣，不管今后从事何种工作都是十分有益的。

第二，课外实验教学活动可以不受课堂时间的限制，不受教室或实验室空间的限制，有利于培养学生的能力。通常实验室中的实验，不管是一节课还是两节课都是课表安排定的，当一个学生做错了或是遇到了大的故障，很少有机会重做。为了使学生能在预定的时间内完成，有的教师就把实验准备得很完善，这对锻炼学生的能力不利。而课外实验就可以不受课堂时间的限制，比较自由，一次完不成再来一次。如测一天中气温的变化曲线、测沙坑和水池中的温度变化曲线（探讨比热的概念）、测量一个人起床时和临睡前的身高，这不是集中的时间所能完成的。由于课外可以不受课堂时间的限制，有的实验就可以让学生从设计方案开始，并独立地准备器材、动手操作、处理数据，解决实验中的问题（教师的指导仍然是不可缺少的，但可以放手一些），这样对学生的训练比较全面，有利于培养他们独立工作能力和创造能力。课外实验，有的在实验室进行，有的可以在操场进行，如测人步行和跑步的平均速度，求自行车刹车后受到的平均阻力；有的实验可以在野外进行，如在爬山活动中用自制的气体压强计研究气压随高度变化的关系（或应用气压随高度的变化关系测山顶到山脚的高度）；有许多实验还可以在家庭厨房里进行，如我们下面介绍的"饺子的沉浮"等。其小型灵活、多样性是课堂实验不可比拟的。

第三，课外实验可以不完全受课程和教材的限制，有利于扩展知识面和接受先进科学的信息。例如，可以设计一些课外实验，以物理知识为主，与天文、地理、化学、生物等学科密切联系，以开阔学生的视野，培养学生运用各学科知识解决问题的能力。又如，通过课外活动让学生较早地接触电子计算机、激光、生物物理等，以适应新科学技术发展对人才的要求。

第四，有利于培养学生的毅力和良好的思想品德。一般来说，在课外实验活动中，要求学生的独立性较强，有的需要进行持久的观察，有的需要从很平常的小事做起，有时又会遇到意外的挫折需要有坚韧不拔的精神，成功的时候能深深地体会到成果来之不易，要完成一项工作，往往离不开集体的互相帮助。这些对于学生思想品德的锻炼是很有益的。

由上可知，积极开展课外教学渠道的活动是在中学实施教育与生产劳动相结合的有力措施，是培养全面发展人才的一个重要途径。

（二）课外物理实验活动示例

1. 旋转"桃心"

实验器材：直径为1mm、长度为58cm的铜线（1根），南孚LR20电池（1节），不同颜色的标签指示纸（2张），直径为4cm、高度为2cm的圆柱形磁铁（1个）。

物理原理：旋转"桃心"实验利用通电导线在磁场中受到力的作用制成。

知识拓展：通电导线在磁场中受到安培力的作用。其中安培力的大小为$F=BIL$，方向可运用左手定则进行判定。左手定则为伸开左手，使拇指与其余四指垂直并且在同一平面内，让磁感线垂直穿过掌心，四指指向电流方向，拇指指向即为安培力方向。

制作步骤：制作过程中，可以在磁铁的N极上做标记，以方便区分。将南孚LR20电池的负极与磁铁N极相连，用铜线绕成"桃心"，并贴上不同颜色的标签指示纸。

实验操作和现象分析：将"桃心"放置在电池的正极上就能观看到"桃心"旋转。实验中，铜线转动的原因是磁场对放置于其中的通电铜线有力的作用。

具体来说，实验中让"桃心"旋转的"隐性之力"就是安培力。在整个过程中，电池与通电导线形成闭合回路，下方放置一块强磁铁，磁场方向向上。这时，由于A、B两端电流方向相反，运用左手定则进行判断，A点的安培力方向为垂直于电流和磁场所在的平面向里，B点的安培力方向为垂直于电流和磁场所在的平面向外，故导线受到的安培力方向相反，通电导线在磁场的作用下沿顺时针方向转动。

实验评价：实验成功的关键是"桃心"的绕制，制成的"桃心"要将整个电路连通，在实际操作的过程中，可以依据实际情况自行调整"桃心"的两端。"桃心"开始旋转后，要注意控制"桃心"旋转时间，实验时间太长会导致电池严重发热。这个实验中，实验器材用到的强磁铁磁力比较强，组装实验器材时，要注意个人安全，避免磁铁吸附电池时夹伤手指。

2. 磁力"小火车"

生活中的电动玩具车、电动飞机、电动火车等通常是在商店购买的，需要不菲价格的同时，对学生动手动脑能力的培养帮助不大。学生通常沉浸于电动玩具的功能，对其中涉及的物理知识思考甚少。因此，笔者介绍一个磁力"小火车"实验，这个实验制作步骤简单，趣味性强，只需简单组装即可完成器材制作。其中涉及一些电学知识，既能让学生获得制成玩具的成就感，还能让学生从理解制作原理的过程中增长电学方面的物理知识。

实验器材：长度为53cm、宽度为12cm、厚度为1.5cm的木板（1张），直径为2cm、长度为52cm的铜质弹簧（1根），记号笔（1支），南孚LR6电池（1节），直径为1.5cm、高度为0.3cm的圆形强磁铁（4个），泡沫胶（1卷），塑料胶（1卷）。

物理原理：磁力"小火车"实验是利用通电导线在磁场中受到力的作用制作的（将"小火车"完全放入铜质弹簧后，整个装置形成了闭合回路，且有电流流过铜质弹簧，流过铜质弹簧的电流产生的磁场对"小火车"有力的作用）。

知识拓展：安培定则又叫右手螺旋定则，运用定则可以判断通电螺线管的磁场极性与电流方向之间的关系。安培定则具体表述为用右手握住螺线管，让四指指向螺线管中电流的方向，拇指指向即为螺线管的N极方向。安培力是通电导线在磁场中受到的力，安培力的大小为$F=BIL$，方向可运用左手定则进行判定。

制作步骤：先将塑料胶贴在木板正中，再在塑料胶上贴一层泡沫胶，最后在泡沫胶上贴一层塑料胶（有胶的一面朝上，就像三明治）。将铜质弹簧固定在塑料胶上，用记号笔在小磁铁的N极上做标记，以便于区分。

实验操作和现象分析：将南孚LR6电池的两极皆与两组磁铁的S极相连

（即"小火车"两端都为N极在外的磁铁），每组磁铁由两个圆面相连的小磁铁构成。实验中，从弹簧左侧放入，可以观察到"小火车"迅速移动到右侧。实验中"小火车"受到安培力的作用而运动。在整个过程中，电池、磁铁、铜质弹簧构成了通电闭合回路。依据铜质弹簧绕向和电池所在位置可得出电流方向。将通电的铜质弹簧看作螺线管，用安培定则判断可知，磁场左侧为N极，右侧为S极。因为实验过程中，强磁铁内部有电流通过，两组磁铁都是通电导体，所以导体受到磁场力的作用，故"小火车"快速在"轨道"中运动。

实验评价：实验成功的关键是小火车两端都必须吸附N极在外的磁铁，如果磁性相反，"小火车"就不能运动。实验证明，两端都为S极"小火车"也能运动，只是运动的方向与实验的方向相反。"小火车"开始运动后，要控制"小火车"在铜质弹簧中运动的时间，避免时间太长导致电池发热严重，损坏电池。实验器材用到的强磁铁磁力比较强，组装实验器材时，要注意个人安全，避免磁铁吸附电池时夹伤手指。

3. 穿"墙"的小球

偏振知识在生活中应用广泛，如偏振太阳眼镜、3D电影等。下面介绍的穿墙的小球实验即为偏振知识的运用，该实验器材便捷，制作步骤简单，非常适合课外操作。

实验器材：瓶内直径为6cm的透明圆柱形塑料瓶（1个），长为20cm、宽为8cm、偏振方向相互垂直的偏振片（2张），手工刀（1把），透明胶带（1卷），乒乓球（1个）。

物理原理：实验运用光的偏振原理，两片相互垂直的偏振片会给人造成一种视觉的"黑屏"。从表面上来看，小球穿"墙"而过，其实"墙"的内部空间根本没有隔断。

知识拓展：自然光不仅是一种电磁波，更是一种横波。横波中，各点的振动方向总是与波的传播方向垂直。不同的横波，振动方向可能不同。通过偏振片的自然光，因为只在垂直于传播方向的平面上沿着某一特定的方向振动，所以称为偏振光。

制作步骤：用手工刀将塑料瓶底部和上部去掉（剩余上下开口的透明中空圆柱），用偏振片包裹透明圆柱，在中间位置让两张相互垂直的偏振片相接，放置好偏振片后，用透明胶带固定。

实验操作与现象：将自制实验器材放置在桌面上，从右侧放入乒乓球并用力轻推乒乓球，就可以看见乒乓球从黑色的"墙体"中穿过。

实验评价：剪裁出偏振方向相互垂直的偏振片是实验成功的关键，在同一偏振片上截取时，要注意每张偏振片的偏振方向。用偏振片包裹透明圆柱且用透明胶带固定的过程不好操作。可将偏振片放入透明圆柱中，并让其紧贴圆柱内壁，也可达到实验效果。

4. 不用封口的气球

现实生活中，吹胀的气球如果不封口，气球立马就会瘪掉。如何让气球不封口又能保持原来的大小？下面介绍一种不用封口的气球，操作者可以随意改变气球的大小，而且不用绳子密封。不用封口的气球实验的设计灵感来源于《物理实验教学与教具制作》，在实际制作过程中，对部分实验材料进行了改动。不用封口的气球实验器材简易，制作步骤简单，是一个非常有趣的课外实验，适合作为学生课后小制作来开展。

实验器材：气球（1个）、透明塑料瓶（1个）、废弃的带滚轮开关的输液管（1根）、AB胶（1对）、锥子（1把）、150mL注射器（1个）。

物理原理：不用封口的气球实验现象的产生是由于大气压强的作用。

知识拓展：大气压强简称大气压或气压，空气内部各个方向都有大气压强，且同一个位置各个方向的大气压强大小相等。标准大气压值为$p_0=1.013 \times 10^5 Pa$，最早由意大利科学家托里拆利用实验测得。大气压强值会随着地面高度的增加而降低，具体为在海拔3000m以内，大约每升高10m，减小100Pa。

制作步骤：用锥子在塑料瓶上开一个小孔，插入输液管的一端，用AB胶将小孔外部密封，再将输液管的另一端套在注射器的注射口，也用AB胶密封。最后，在塑料瓶瓶口处反套上气球即可。

实验操作：用手拉动注射器的推杆，即可看见气球在塑料瓶内逐渐增大。将推杆拉到最左边时，此时的气球增大到最大，同时关好输液管上的滚轮开关。

实验现象与分析：近距离观看，可以发现气球没有封口也依然没有变瘪。实验中，注射器将瓶内的空气抽走后，瓶内的大气压小于空气中的大气压。在大气压的作用下，气球自动膨胀，直到达到平衡状态。实验操作中关闭滚轮开关后，没有改变平衡状态，故气球保持原状。

第四章

让学生自己动手做实验

第一节　学生实验能力的具体要求

第一，充分明确每一个实验的目的和要求，懂得实验的原理或理论根据。由于初中实验的原理都比较简单，所以初中单项性实验的"实验报告"中可以不必单独写"实验原理"这一项目，而实验原理或理论根据应体现在实验方法、步骤和记录表格以及实验计算中。但有些综合性的实验也应该要求学生写出"实验原理"。

第二，根据实验目的要求和实验原理，恰当地选用实验仪器和器材，按照实验操作规程和实验本身的程序，如实地设计好并写出实验步骤，必要时还要正确地画出实验的图示（说明图）或实验电路图。虽然实验器材和实验步骤在课本的实验指导中（或实验指导书中）都已经较为明确地给予了指导，但实验者绝不可机械地照搬，必须明确为什么要选用这些器材，其中的某些器材可否用另外的器材来代替，更不要机械地照抄实验指导书上现成的实验步骤，只要学生自己设计的实验步骤符合实验实际，而且科学、合理就可以。这样，不但可以逐步培养学生独立设计和写出实验步骤的能力，而且实验过程中就能够手脑并用，逐步培养解决具体问题的实验能力。总之，要求学生要善于向自己提出问题，而又不断地研究这些问题，才能不断地提高实验能力并加深对基础知识的理解，做到牢固掌握，灵活应用。

如要测定未知电阻的阻值，必须测出待测电阻两端的电压U和通过它的电流I，因此，器材除选用电源、开关、待测电阻、导线外，还要用到电压表和电流表。由于实验只能测一组电压和电流的值，实验误差较大，为了减小误差应多次测量求平均值，必须改变待测电阻两端的电压和通过它的电流。怎样才能改变待测电阻两端的电压和通过它的电流呢？必须串联一个滑动变阻器，因此，还要选用滑动变阻器。再如物质密度的测量，需要分别测出物质的质量m和体积V，因而必须选用测质量的仪器天平及砝码。如果物体是规则的，测体积的仪器可选用刻度尺，测出物体的有关长度并计算出体积；如果物体是不规则的，测体积应选用量筒，用排液法测出体积，还要有辅助的仪器，如烧杯、水、液体、细线等。

第三，初中学生一开始做实验就要严格要求，培养学生良好的实验习惯。基本仪器操作要规范化，遵守仪器使用规则和实验操作规程，并根据自己所设计的实验步骤，正确地使用实验仪器和器材来进行观察和量度，要能自觉地遵守安全操作规则，保护仪器和人身安全。实验前学生一定要养成先检查仪器、器材，了解仪器的性能，调节好仪器，而后做实验的良好习惯和能力，这是学生能独立进行实验的重要前提。

第四，根据实验原理和步骤设计好实验表格。要分清哪些是直接测量量，哪些是待求量。实验表格应包括记录表格（记录直接测量量的数据——原始数据）和计算表格。要求学生在实验时要有严格的科学态度和严密的科学方法，要仔细地、准确地观察、量度和读数，尊重事实，能够正确记录测得的数据（实验数据不得涂改，更不得随意拼凑数据），学会整理数据，能根据实验数据画出图线（图像），会分析实验数据（包括有关的计算），并得出合理的结论。要使学生了解"误差"的意义，但不要求初中学生作误差计算，一般也不要求学生作误差分析；应该使他们了解实验中的误差是不能绝对避免的，但在精确度范围内就可以认为是准确的。

这里需要说明的是，由于有效数字的运算法则比较复杂，初中学生不能很好地掌握。因此，我们不要求初中学生处理实验数据时用有效数字的知识进行计算。但这样将产生选用仪器和器材的合理性问题，就可能出现选用不必要的、过分精密的仪器或过于粗略的仪器，因而有的教师可能会提出，既然不要求学生用有效数字的知识进行计算，就没有必要用有效数字表示仪器测量的精确度。我们认为对初中学生的实验训练，侧重于基本仪器、仪表、量具等的正确使用和测量读数，侧重于实验基本功的训练，但又不能脱离学生的接受能力，因而上述的要求是比较恰当的，在这样要求的基础上有利于学生进行实验时能运用"误差"的知识科学地选用实验仪器和器材（解决选用仪器和器材的合理性问题），合理地记录、整理和处理实验数据，并运用有效数字的知识进行有关的计算（包括初步的误差计算），得出合理的结论。

第二节　教师做好实验指导工作

一、实验前的指导

实验前，让学生通过预习对即将要做的实验有充分的准备，真正懂得实验的目的、要求、原理、方法和步骤，以便自觉地、有目的地、独立地进行实验，提高学生实验质量。为了从根本上改变以往学生实验只是被动地按照教师的交代和课本或实验指导书上的实验步骤"照方抓药"，只动手不动脑，机械地进行操作的情况，我们应从调动学生实验的主动性、积极性出发，从培养学生的能力着手，除初中二年级第一学期的学生实验按照课本要求，分别列出实验目的、器材步骤、记录表格和实验结果以及实验思考题外，从初二第二学期热学实验开始就可以逐步放手，不是让学生简单地将课本或实验指导书上的目的、器材等照抄一遍，而是编写一些有关实验原理和实验技能方面的实验预习思考题，指导学生进行实验预习。最后，让学生对部分实验思考题书面作答，并作为实验预习报告。学生在认真预习和充分思考的基础上，还要设计好实验报告初稿。由于学生实验前有了这样充分的准备，实验课上就能够发挥其主动性，收到预期的实验效果。

根据我们实践的经验，为了搞好实验课的教学工作，教师必须在实验指导上下一番功夫（但不是包办代替），特别要做好实验前的指导、实验课上的预习检查和指导，以及学生实验完成后的讲评和总结。认真地设计、选取、编写、布置实验预习思考题是做好实验前预习指导工作的关键环节，要让每个学生通过预习的充分准备，对将做的实验有一个明确的认识。为什么要做这个实验（弄清实验的目的和要求），是根据什么原理进行的，实验是怎样设计的（懂得实验原理和实验的设计思想），要使用哪些仪器、器材和工具，怎样操作，为什么要这样操作，要观察什么，怎样进行观察，要先后测量哪些物理量，记录哪些数据，怎样测量和读数，如何列成记录表格或描绘图线（了解实验器材、方法和步骤）以及做这个实验应注意的事项都心中有数。这样学生不但目的明确地懂得怎样去做这个实验，而且更重要的是使学生充分理解为什么要采取哪些步骤的道理。关于实验步骤，我们要求学生将自己准备进行实验的过程，按实验次序分点简明扼要地写清楚，并且也要把怎样克服困难的过程写上去，做到手脑并用地进行实验操作。

二、实验过程中的指导

为了提高实验课教学质量应该加强教师在实验过程中的主导作用。实验课上，要对学生实验预习情况进行认真的检查（对没有充分准备、没有写好实验报告初稿的个别学生，应该要求他们重新认真准备，写好实验报告初稿，经教师检查认可后，才允许在课余时间补做实验。只有在实验教学中严格执行预习检查的办法，才能使学生养成实验预习的良好习惯）。一般是由教师向学生提问，启发学生思考问题，检查学生的预习效果，必要时还要进行课堂讨论。对一些实验操作难度较大，特别是仪器、仪表使用不当容易产生偏差的关键性操作技能，还要结合提问进行实验操作的检查。发现学生操作中出现问题或偏差时，教师不要急于去纠正，应该让其他学生分析纠正；然后教师结合提问小结，进行讲评，并再一次进行示范操作。实践证明，教师有针对性的示范操作是具体指导的重要方法。教师示范时，应该指导学生把正确使用仪器的要领以及实验成败的关键问题弄清楚。既要讲清正面的道理、正确的操作方法（这样使学生不仅知其然，而且还要知其所以然），还要针对学生易犯的操作错误，讲清反面的道理，说明不正确的操作所产生的结果，加以比较分析，从而使学生获得清晰而深刻的印象。这对于要求并养成学生实验操作规范化，养成正确使用、合理维护仪器、仪表和器材的良好习惯都有重要的指导作用。通过预习检查和教师有针对性的示范操作，让每个学生都能真正懂得实验目的、要求、原理、方法和步骤，更加自觉地、有目的地、专心致志地、有条理地、正确地进行实验，也只有这样才能有效地防止并克服个别学生盲目动手，甚至损坏仪器、仪表的不良情况。

学生实验还要养成先检查仪器、器材，了解仪器的性能，调整好仪器，而后动手做实验的习惯和能力，这是学生独立进行实验的前提。例如电学实验，要先校准电表的零点，选择好适当的量程，检查仪器、仪表接线柱有否松脱，检查导线是否完全可用，电源电压是否足够等。这样，就可以大大减少实验故障，保证学生实验的顺利进行，提高实验质量。在学生实验过程中，教师要从头到尾认真从旁观察、检查、指导学生独立地进行实验操作（在指导时要注意因材施教）。在整个实验过程中，要做到：第一，教育每一个学生都能本着爱护公共财物的精神，严格遵守仪器使用规则、操作规程和安全规程。第二，每个学生都要养成良好的实验习惯，严格遵守实验室规则和实验纪律，桌面仪器要安排合理、恰当，任何东西用完后都要放在指定的地方。对学生实验的基本操作要求要严格，学生在实验操作或使用仪器上有错误或不恰当的地方，要及时纠正。例如，在热学实验中，发现个别学生使用温度计时，基本操作方面有不少差错或不妥之处，有的不注意看初温、末温，甚至把温度计拿出来看；有的把温度计当搅拌器使用；有的把温度计随便放在桌面上；有的温度计用后没有擦干就放到纸套筒里去等。有些看来似乎是微小的毛病，我们都要一丝不苟地一一指出，并且以教师的示范操作来教育学生，培养学生严谨、细心的精神。第三，特别注意检查学生在整个实验过程中是否都能手脑并用，认真细致地完成实验。第四，教师还要注意巡视并了解各个实验小组在实验过程中遇到的困难和问题，及时启发他们思考，找出解决困难的办法；要指点实验操作技巧，使学生在实验时十分注意实验的准确性，但应避免包办代替，而要注意培养他们的独立工作能力，发挥他们的主动性、创造精神。实践证明，当学生注意到实验的准确性时，就会把有关实验的各方面因素都带动起来，从而有效地提高实验质量。

由于培养实验技能和实验素养是当前物理教学和学生实验中的薄弱环节，教师在实验课上应该加强这方面的工作。在学生实验过程中，教师的作用主要是检查和指导学生正确使用仪器、装接实验装置、观察现象和记录读数等，既要注意检查学生的实验操作情况，又要有的放矢地做有针对性的指导，要有目的地培养学生以严格的科学态度与严密的科学方法去认真对待每一次实验。为了养成学生良好的实验习惯，我们在学生第一次进行实验前，就把主要仪器、仪表的使用规则和实验的一般操作规程印发给学生，并通过教师的实验示范操作，要求学生严格按照操作规程进行实验，从做第一个物理实验开始，就要注意实验素养的训练和培养。教师要启发学生用已学得的物理知识去分析实验中出现的各种问题，并根据客观事实，仔细地、如实地记录数据，养成重视原始数据的科学作风。这样做，对学生将来参加四化建设、参加科学实验和科研工作都是有很大益处的。

三、实验以后的讲评和总结

实验课上在学生做完实验以后，我们一般都还要根据教材内容的特点和学生的具体情况布置一些巩固实验成果、发展实验内容的思考题或实验性作业（实验前的预习思考题偏重实验原理以及基本仪器和器材的使用方法、操作原理和实验技能方面；而实验后的思考题或实验性作业则偏重跟实验技能有紧密关联的练习，扩展实验课的内容，使学生获得新知识新技能，或者偏重实验技能的复习、巩固和发展，以及通过思考题引导学生分析实验得出的结论，从而初步学到用物理学处理问题的方法），组织学生进行分析讨论（或者布置一些实验后的书面作业），并由教师结合学生实验的情况进行讲评、总结，以巩固并发展实验的成果。我们就是这样把实验预习思考题和实验后的思考题以及教师的讲评总结组成有机的整体，引导学生运用学得的理论知识指导实验的进行和分析实验中的问题，并逐步学会用实验方法学习物理。最后我们要求学生当堂或当天完成实验报告。对一部分学习优秀的学生，可以提出更高的要求，让他们计算误差，研究改进实验方法，提高实验的精确度，或者讨论能否通过别的方法来达到同一实验目的，或者把实验加以发展，要求他们设计类似或有关联的实验。

第三节 有计划地布置实验性和
实践性作业

　　我们认为既然中学物理是一门以实验为基础的学科，因此，中学物理教学的课外练习也应该包括实验性作业和实践性作业以及其他课外实验活动。也就是说，物理实验不应仅仅局限于课堂上，还应该包括与课堂教学有紧密联系的课外实验。实验是要让学生做的，好的实验思想、实验设计和实验方法要让学生通过亲自动手做实验来体会。因此，应该创造有利的条件让学生课外有更多机会手脑并用地做实验，培养他们通过实验来研究问题的习惯和能力。实践证明，课外实验可以使学生通过学习物理变得生动活泼，更加激发他们浓厚的学习兴趣和创造性精神；而且课外学生实验活动必须独立操作，对学生的训练是比较全面的，有利于培养学生独立工作的能力。为此，可以采取如下几点做法。

　　第一，要求学生认真完成课本中的观察性、实验性和实践性作业。课本中的有些实验性作业，学生在家庭中缺乏实验条件，教师除在课堂中先进行演示实验外，还可以举办实验展览，让学生利用课余时间到展览室亲自做实验或实践。另外，初中课本中的许多练习题目（特别是力学和电学部分的作业题）虽然课本上不是作为实验性作业，但为了加深学生对这些问题的理解，并提高他们的实验技能，教师也应该想方设法把有关的仪器、仪表、器材另辟展览室配合教学进度定期展出，课余时间学生可以到展览室做作业，并通过实验来验证作业中的问题和结论。实践证明，这样做，学生很感兴趣，深受他们的欢迎。

此外，为了使学生对课本中一些对生产实践有指导意义的作业能获得深刻的理解，还可以有计划地配合设计学生在家庭条件下易于实践的实验性作业，以加深学生对物理概念和规律的理解。例如，初二物理讲完"物体浮沉条件的应用"这一课题后，为了能让学生对"利用盐水选种为什么能选出饱满的种子"这一问题，在获得感性认识的基础上，加深理解，可以配合设计，布置如下一道实验性作业：把一个鸡蛋放入盛有清水的杯内，使水刚好浸没鸡蛋，然后缓慢地倒入浓盐水，可使鸡蛋悬浮在溶液中。再用细棒轻轻地拨动鸡蛋，观察它的浮沉情况，动手做一下实验，并解释观察到的现象。学生通过亲自动手做实验，仔细地观察现象，并应用学到的物体在液体中所受的浮力与液体比重的关系的知识对实验结果作了完美的解释——鸡蛋原先沉在杯底是因为鸡蛋的比重大于水的比重，因而鸡蛋的重量大于它所受的浮力。倒入浓盐水之后，溶液的比重逐渐变大，当两者比重相等时，即鸡蛋所受的浮力等于鸡蛋的重量时，鸡蛋便悬浮于溶液中。此时再用细棒轻轻拨动鸡蛋，鸡蛋可停留在溶液中的任何地方。这一现象有力地证明了物体所受浮力的大小与物体处在液体中的深度无关（物体全部浸没在液体中）。通过对这一现象的分析，可以加深学生对物体在液体中浮沉条件的理解，从而对利用盐水为什么能选出饱满的种子这一实际问题也获得比较深刻的理解，提高了学生运用所学知识解决实际问题的能力。

第二，针对教材的重点和难点以及培养学生实验能力的需要，有计划地布置一些手脑并用的实验性作业，学生课余时间必须到实验室动手做实验后才能完成作业。

物理作业的设计和布置要统筹兼顾，注意合理安排。我们认为实验性作业是物理作业的重要组成部分，是必不可少的；但实验性作业的布置也要适量，应该注意不加重学生的课业负担。在布置实验性作业时，必须减少其他课外作业，特别是不布置脱离物理实际的人为的"综合题"。我们根据教材内容的特点，从培养能力出发，从需要出发，一般每1～2周布置一次灵活应用知识或综合性的实验性作业（根据教学的需要还可能有时多些，有时少些）。由于课堂教学中我们注意采用"边教边实验"的教学方法，在教师示范实验操作的基础上，又通过学生分组实验、实验练习课、实验习作课的反复练习、训练，学生已学会了基本仪器、仪表的使用方法和实验操作的一般技能。因而绝大多数学生在完成实验性作业的过程中，在教师预先的指导下是能够独立进行实验操作的，学生经过两三次课外实验的训练和锻炼，实验操作就更加熟练、更加灵活了。而且实验性作业总是密切与课文配合或结合，可以采用课外实验结合复习教学内容的办法，这有利于提高复习的质量和效果，学生的负担也不会加重。

第三，贯彻因材施教的原则，对学习优秀的部分学生另外布置一些富有思考性的，既扩大知识面而又灵活应用基础知识和基本技能的实验题或实验设计题，作为第二套实验性作业。初中学生一开始学习物理，就应该有计划地布置具有设计因素的实验性作业，培养他们探索能力和创新精神。要贯彻"课内打基础，课外出人才"的原则，注意因材施教。由于学生的基础、能力、兴趣、特长不同，差距是客观存在的，在教学中既要允许和鼓励学习优秀、学有余力的学生多学些，学好些，也要考虑学习差些和兴趣低些的学生。因此，可以采用布置两套实验性作业的做法。第一套是全班学生都必须完成的实验性作业，应该是绝大多数学生力所能及的经过努力都能够完成的实验性课题，不要太难，要求也不要太高，以免挫伤学生学习的积极性。第二套实验设计题则有一定的难度和更高的灵活性，有的是需要在教师指导下，学生通过阅读课外参考读物才能设计好实验方案的课题。这类实验设计题只布置给学习优秀、学有余力的学生在课外科技活动时间去完成，以进一步激发他们的求知欲，发展他们的兴趣、爱好和特长，加以定向培养（这些实验设计题不要求全班学生习作）。

第四，第二套实验设计题，学生既可以在课外时间完成，也可以在科技活动时间去完成，使他们课业负担不致过重。

第五，注意实验活动多样化，课内外有机结合，并让学生有自己支配的实验活动时间，课外随时可以到实验室做实验；学生也可以自己设计实验方案，经教师审阅后，利用课余时间到实验室按照实验方案通过实验和分析来探索某些物理问题。

第五章

初中物理实验教学及改进

第一节　初中物理起始年级的
学生实验教学

　　初二年级是中学物理的起始年级，教师应该十分重视起始年级的学生实验教学，有目的、有计划、有步骤地在提高学生物理知识水平的同时，培养学生的实验能力和良好的实验习惯，以便为学生今后进一步做好物理实验打下良好基础。为此应该注意以下几方面的工作。

一、要使学生重视物理实验，培养他们对物理实验的浓厚兴趣

　　从绪论课开始直至以后整个教学过程都要抓住有利时机，对学生进行教育，使他们认识到学好物理对今后学习的重要作用。进而使他们认识到物理学中的规律性知识都是人们通过实验观察总结出来的，因此，离开了实验就没有物理学。这里可以结合著名物理学家是怎样通过认真细致的观察实验从而发现物理规律的事例，以及科学技术的发展与实验的关系等，来加深学生们对实验重要性的理解。还必须通过实例，说明实验能力是学习和应用现代科学技术的重要基础，使学生逐步认识到掌握实验技能和提

高实验能力的重要性。

此外，在课堂上多做有趣的演示实验；布置学生在课外做有关实验（如课本中的小实验及练习题中的实验性作业）；举行物理晚会；组织课外兴趣小组；组织学生参观科研及技术革新成果展览。这些办法都可以激发学生对物理实验的兴趣。

二、要端正学生对物理实验的态度，养成良好的实验习惯

由于初二学生初次接触物理仪器，对物理现象与仪器都觉得新鲜，有强烈的好奇心，什么东西都想动手摸摸看看。教师应该注意保护学生的这种积极性，正确加以引导。但是有些学生对实验的目的、原理、步骤并不清楚，只是抱着"好玩"的心理来上实验课，因而一进实验室只顾玩弄桌上的仪器，不注意教师的实验指导，甚至出现损坏仪器的现象；有的学生在实验过程中遇到困难，自己不先动脑筋，就要老师来帮助解决；有的学生虽然很守规矩，但是由于事先未预习，不懂整个实验的目的、原理与方法步骤，实验时只是根据教师讲的或书上写的"照方抓药"，不知其所以然，甚至实验得出荒谬的结果也不知错；还有些学生胆小，怕损坏仪器，在整个实验过程中只是当"观察员"和"记录员"，不敢动手操作，实验技能也得不到提高。根据以上情况，教师必须十分重视上好第一节学生实验课，并且从以下几个方面培养学生的态度和习惯：

第一，实验课前要对学生进行思想教育。要求他们认真对待每一个实验，克服单纯为了"好玩""好奇"进实验室的现象。

第二，要宣布实验室的纪律。特别强调要保持实验室的安静，同组学生要通力合作，不允许有袖手旁观者。在教师宣布开始实验前，必须专心听教师实验前的指导讲解，未经教师许可不得随意乱动桌上的器材。针对初二学生"好奇""好动"的特点，一些基本仪器如米尺、弹簧秤、天

平、滑轮等都可以在实验课前的有关课题中让学生先接触，初步了解使用方法。这样到实验课时乱动仪器情况就自然会大为减少。还必须规定实验结束后自觉地将器材整理规范，经组长和教师检查无缺损后方能离开实验室。

第三，实验课前学生必须做好预习工作。为此，教师要在前一课留下一定时间，布置学生预习下一节实验的任务，将实验目的、原理、所用的器材及估计学生预习中有困难之处，简略地介绍一下。同时要布置一些预习思考题。实验课前学生必须写好实验报告的初稿，上课前教师必须进行检查。

第四，要求学生以严谨的科学态度对待实验。严格要求学生按照正确的操作方法进行测定，不允许有半点马虎，如实地记下数据，不允许随意涂改和臆想数据。在实验中如遇到困难，首先要自己思考，实在无法解决时才举手请老师帮助。教师对学生的问题也不一定直接指出，可以提出思考方向，尽可能让学生自己想办法解决，以便培养学生手脑并用、勤于思考的良好习惯。

第五，要及时进行讲评。教师必须认真批改学生的实验报告，下一节课对学生遵守实验室规则情况、预习情况、实验操作情况、仪器整理情况、实验报告等都要进行讲评。根据初二学生的特点，应多从正面表扬，同时也要批评一些不好的现象。不符合要求的，要求他们课外补做。这样上好了第一次实验课，对以后的实验课就树立了榜样。

三、要立足于培养实验的基本能力

我们考虑问题不能只限于本年级某个具体的实验要达到什么样的要求，或某件仪器使用要达到什么样的要求，而是要从整个中学物理实验的目的任务来全面考虑。通过具体的实验，有目的、有计划、有步骤地培养学生下列基本实验能力。

（一）使用基本仪器的能力

在本年级教材中规定学生必须学会正确使用米尺、天平、弹簧秤、量筒等基本测量仪器。教师首先要让学生了解这些仪器的构造、原理。教师在介绍这些基本仪器使用方法时，不能只局限于某一具体仪器，而应抓住各种基本测量仪器的共性来加以指导。

（1）各种基本测量仪器都有一定的量程。必须要求学生在使用各种基本仪器前，先看铭牌，了解它的量程，而且还要根据被测量对象的情况选用适当的量程。

（2）一般来说，使用测量仪器前都要调节零点或校正零点，否则测出来的数据就不准确。例如，弹簧秤制作时是在装上挂钩（挂钩本身有一定重量）后才确定零点的，因而使用弹簧秤时要尽量让挂钩朝下拉弹簧秤，避免将挂钩朝上拉，以保证零点的准确。如果弹簧秤用旧了，未挂重物时，指针已不指在零刻度处，就应修正零误差。因此，教师必须使学生养成使用基本测量仪器前调节零点或修正零误差的习惯。

（3）会正确读数。要能把测量仪器的精确度表示出来；要学会正确读数的姿势；要对长度、体积、力、重量、质量等基本量有一定的估测能力，例如让学生知道1米有多长，1千克有多重，1牛顿力有多大等。学生有了一定的估测能力后，当实验计算出现了荒谬的结果时就会自己发觉，并予以纠正。

（4）能根据仪器的构造原理理解和掌握它的安全操作方法和规则。例如，天平是根据等臂杠杆原理制成的，因而为了保持两边力臂相等，就必须严格保护刀口。为了让学生理解保护刀口的重要性，可利用损坏的旧天平，将其中央刀口磨平一些，把它与好的天平对比就可以看出它们的精确度相差很大，从而使学生理解并遵守课本上指出的天平安全操作方法和规则。

（二）让学生明确做实验的一般过程和基本要求

初中物理第一册教材中将每个实验的目的、器材、步骤（包括记录表格的设计）及应得出哪些方面的结论都写出来了。但从第二册起直至高中，就要求学生能根据课本中有关叙述，独立地写出实验报告。新教材这样要求，可以更有效地培养学生的独立实验能力和读书能力。为了做好过渡工作，必须通过起始年级的实验有意识地进行培养，逐步地向能独立地写出实验报告的方向努力。为此，教师应首先要求学生明确各个实验的目的、原理或理论依据（虽然实验报告中并不要求写出每个实验的原理，但必须要求学生明确原理）。明确要测定哪些物理量，从而确定要选用什么器材（包括数量和规格），然后再按实验本身的程序拟出实验步骤。

教师可以向学生指出，实验的步骤虽然各不相同，但一般都包括下列五个方面内容：

（1）装配（或摆好）：就是将器材按要求合理装好（或摆好），电学中表现为连接好电路。

（2）调整：就是测定前要将各个测量仪器零点调准或将某些实验部件位置按要求调好。（以上两步均为准备工作）

（3）测记：按先后顺序将需要测定的各量测出，并记录下来。（这里可用书上设计出的各个实验记录表格为例，告诉学生，记录表格形式可以自己根据需要来设计，但应包括能记录直接测出的各个物理量，能记录各次测出的量，能填写需要计算出来的中间数据和最后的数据等项内容。）

（4）处理：即数据处理，将有关数据经过分析，计算得出有关结果。

（5）结论：就是通过实验得出的实验结论。实验结论应与实验目的前后呼应。一定要纠正一些学生做实验后无结论的坏习惯。

四、根据不同类型实验的特点给学生以具体指导

根据新编初中第一册课本中规定的学生实验，其中"测量圆的周长"和"用天平称物体的质量"两个实验，是为了让学生掌握米尺和天平的使用方法。其余七个实验可分为三类：第一类，如"研究弹簧秤的刻度""研究液体的压强和深度的关系""研究物体浮在液面的条件"等实验，因为是摆在讲完有关物理规律之后来做，所以是属于验证性的实验；第二类，如"研究滑动摩擦""研究杠杆的平衡条件"，是摆在提出有关物理规律之前做的，通过实验要探讨有关物理规律，属于探讨性的实验；第三类，如"测定物质密度""测定滑轮组的机械效率"，这类实验是应用有关物理知识来测定某些物理量的，属于测定性的实验。这三类实验各有不同特点，教师应针对其特点给予具体的指导。例如，"研究液体的压强与深度的关系"实验是属于验证性实验。首先，要明确它的教学目的要求，即通过测定小玻璃管底部在液体中不同深度处所受的压强，证明液体内部压强与深度成正比，加深对这一规律的理解，同时较熟练地掌握刻度尺和天平的使用方法，并培养学生分析问题的能力；其次，还要让学生明确这个实验所依据的原理，这里要指出，验证性实验所依据的原理和所要验证的原理并不一定都是相同的。例如，这个实验所要验证的规律是液体内部的压强和它的深度成正比，但所依据的原理却是由于液体在某一深度h处向各个方向的压强相等，因而测出水对管底的向上压强即代表此深度水的压强。而玻璃管底部受的压强等于水对管底向上的压力F除以管底面积S。因为装砂的玻璃管在水中受到两个力，管与砂的重力G及水对管底的向上压力F，由于玻璃管处于

平衡状态，所以管和砂的重量G等于水对管底向上的压力F。因此，测出管和砂的质量m（即可算出其重量$G=mg$），就知道水对管底的压力F。这些原理是学生感到困难之处，教师必须通过启发，使学生搞清楚。学生搞清原理以后就可以自觉地了解该测出哪些物理量及怎样测量。例如，为了测出管底离水面的深度就必须先测出玻璃管的长度和管顶到水面的距离，为了测管底受到的压强，就必须测出管底的面积S和管底受到的向上压力F，管底面积可通过测出管的外径算出，测出管和砂的质量即可知水对管底的压力F。接着还必须使学生明确怎样才算是验证了所要验证的规律。有些学生在这个实验中测出深度不同的三处压强后，就认为实验报告结束了，或者不经过必要的计算分析就说验证了液体的压强与深度成正比的规律。最后还要告诉学生，由于实验过程存在误差，所以实验的结果与理论上得出的结果不可能完全一样，只要在实验误差允许的范围内就可以。

"研究滑动摩擦"实验和"研究杠杆的平衡条件"实验属于探讨性实验，这类实验的教学目的是，在教师的引导下，通过学生自己动手动脑有目的地进行观察和测定，然后经过分析、推理、综合等抽象思维，找出某些物理量之间的关系，从而总结出有关的物理规律。教师应当在学生做这类探讨性实验之前，引导学生明确探讨方向。例如，"研究滑动摩擦"实验中，首先提出本实验要研究滑动摩擦力大小与哪些因素有关？有怎样的关系？先激发学生积极思考，让学生自己想出可能与压力及接触面的材料有关。也可能有些学生会提出与接触面的大小有关问题，甚至想了解当接触面非常光滑时的摩擦力问题。教师可以说明本课只研究滑动摩擦力大小与压力及接触面材料的关系。探讨方向确定后，又遇到了摩擦力同时与压力及接触面材料有关，应如何研究的问题，这时教师可以告诉学生当遇到一个物理量同时与几个因素有关时，可先只让一个因素变化，其他因素保持不变，研究被测的物理量与此因素存在怎样的关系，然后让此因素保持不变，研究与其他因素的关系，这是物理学上常用的方法。经过测定得到必要的数据之后，引导学生应用数学知识，例如，通过列表比较或根据有关的数学知识找出物理量之间存在的关系，经过分析、综合便可发现有关的物理规律。通过以上分析，在本实验中便可得出，滑动摩擦力大小与压力成正比，还跟接触面的粗糙程度有关。接触面越粗糙，摩擦力越大的结论。

"测定物质的密度"和"测定滑轮组的机械效率"两个实验是属于测定性实验。这类实验的教学目的是培养学生根据物理概念和有关的原理去具体测定某些物理量的实验能力，同时对有关物理规律达到巩固和加深理解。这类实验首先要求根据实验目的找出依据的原理，从原理中知道应测定哪些物理量，应选用哪些器材，应如何安排实验步骤等。例如，"测定物质的密度"，实验的目的是测定某种物质的密度，根据密度公式 $\rho = \dfrac{m}{V}$ 等，知道必须应用天平来测量物质的质量，如果此物体形状不规则，就要通过量筒来测定它的体积，因而必须测出此物体浸入水中前后量筒内水面到达的刻度，以便从两次刻度差求出此物体的体积。为了准确测出其质量，必须在浸入液体前测定，进而设计出先测量物体质量后测量物体体积的合理步骤。

初中学生实验，不要求学生进行误差分析和计算，但必须了解误差的意义和实验中产生误差是难免的，掌握通过求平均值的方法来减小误差。

为了更好地培养学生独立设计实验的能力，建议本学年末做完"测定滑轮组机械效率"实验后，让学生测定斜面的机械效率。其目的、原理、器材、步骤、数据处理、结论均由学生自己练习写。经过一年的培养，特别是通过"测定滑轮组机械效率"实验后，让学生独立进行此实验是有基础的，为以后独立写实验报告做好过渡。

五、要通过多种途径培养学生实验能力

学生的实验能力不能只靠几节学生实验课来培养，必须通过多种途径和方式来加以培养。

第一，要发挥教师演示实验的示范作用。起始年级教师的演示实验，不论是实验的设计、讨论问题的方法，还是基本仪器的操作、数据的处理和分析等，都对学生有直接的影响。因此，处处必须规范化，做到动作准确，操作熟练，来不得半点马虎。

第二，尽可能将教师的演示实验改为学生动手实验。如液体内部的压强、阿基米德定律、滑轮等。

第三，将验证性实验改为探讨性实验。为了培养学生探讨问题的能力，在条件许可的情况下，可将"研究弹簧秤刻度""研究物体浮在液面的条件"放在得出有关规律之前实验，通过学生自己实验得出有关规律。

第四，想方设法增多学生课外动手实验的机会。将仪器下到班级展览或让学生练习。如天平底座水平和横梁平衡的调节，是学生难以在短时间内掌握的，可将课本中介绍的水平器及研究杠杆平衡条件的装置结合起来，组装成下面简单的装置，放到班上让学生经常练习调节的方法。这种装置既简单又不易损坏。另外，开放实验室，让学生利用课外时间到实验室进行有关实验；布置实验性作业，如课本中的小实验及通过实验解决作业中某些疑难问题，开展实验竞赛或让学生在物理晚会上表演有趣的物理现象等，都是增强学生动手能力的有效方法。

第五，进行实验考查。不能光从书面上考查，更重要的是考查其实际操作能力。考查方法是先将本学期做过的几个学生实验按要求编成思考

题，学生全面准备。教师还应将每个实验应考查的项目，如是否明确本实验的目的，是否能正确选用器材，能否合理安排实验步骤，操作中能否正确使用有关基本仪器，能否正确测量记录和处理有关数据，能否得出正确结论，并规定每项评分标准。为了克服人力不足的困难，可先培养骨干，让骨干先过关，然后骨干按规定的考查项目要求，在教师统一指导下，分工去考查别的学生，对每个学生实验过程中的操作情况逐项记载，最后由教师评定成绩。对不及格者要补课，实验考查成绩要计入学期成绩。

第二节　初中物理学生实验技能培养

实验技能的培养是中学物理教学中的一项重要任务。现在我们从两方面来探讨在中学物理教学中培养学生实验技能的问题。

一、中学物理实验技能包括哪些

（一）正确使用基本器具

中学物理实验中常用的器具有刻度尺、物理支架、停表、温度计、气压计、压强计、天平、弹簧秤、比重计、电流计、安培计、伏特计、滑动变阻器、电阻箱、万用表……要求学生能较熟练地正确使用这些器具，并且弄懂它的原理、构造、用途、维护等。因此，教师从初中开始就要逐步地把这些器具认真地向学生讲解说明，做好示范操作，并创造条件让学生去学习使用，日积月累，逐渐培养，达到基本熟练操作的程度。

（二）正确读取数值，学会记录和分析实验误差

在使用器具时，要能正确读取数值，如视线要尽量垂直于刻度盘的表面（或刻度线），凹液面读凹处，凸液面读凸处，估计数值四舍五入等

要点，这些说起来容易，但往往也是学生易忽视的，要认真培养，养成习惯。实验的记录一般是要求学生画出表格，在实验时填好，然后进行计算或分析。在做好实验后，应指导学生分析实验误差产生的原因是什么，如何减少误差。

（三）能按实验要求装好仪器，或接好电路

要正确进行实验，第一步就是装好仪器或接好电路，这种技能的培养，从初中开始应先有示范，或教师装好一套放在台上给学生做样本，让学生模仿学习，然后逐步提高到由教师讲述装仪器的方法、注意事项后，由学生自己去装置。到高年级，教师可以做些指点后就让学生自己看书或看图去装置仪器。有的仪器若装置错误，或接线错误，会造成事故，因此，一定要求学生在装好仪器接好线路后，必须反复检查，经过教师同意后才能接通电源或开始实验，在电学实验中，一定要养成未实验前电键不得接通的习惯。

（四）培养学生爱护仪器，初步学会排除故障

爱护仪器是培养学生有高尚的道德品质的一个方面，要经常强调教育，即使发生故障也不能让学生对仪器乱敲乱打、乱撞乱拆，以免损坏仪器，应要求学生保持冷静的头脑，分析故障产生的原因，最好在老师的指导下判断故障所在，然后进行排除，千万不能自以为是，冒失从事。教育学生在发生损坏器具时，要持诚实的态度，检查原因，承担责任，不得回避、掩盖、隐瞒，更不得偷换其他组仪器。

（五）培养学生画装置图（即实物图）、原理图（或电路图）的能力

要做好一个实验，就要能把仪器装置好，有的是按书中的图去装置，有的是按文字说明去装置，因此，既要能看懂装置图，也要会画出装置图。有时装置图不能看清其内容结构，而且画起来复杂，因而还要用原理图（或电路图）来配合说明。学生要学会看原理图，根据原理图装置仪器，以便将来可以看懂文献资料上的装置，也可以把自己想的、设计的装置画出来。

（六）教会学生写好实验报告

学生做实验是根据别人的实验步骤，也应该能把自己做的步骤写出来，这是一个重要的能力。因此，我们对实验报告的写法、格式应有一个严格的要求，使学生将来进行科学实验时能写出自己实践的成果，让别人看懂，证实自己的创见或成就。

（七）初步培养学生独立设计实验的能力

科学是在不断发展的，因此，要培养学生独立设计实验的能力，使他们的创造性的智慧能得到充分的发挥，教师要给学生启发引导，从最简单的设计、创造开始培养，逐步达到较高的水平。

二、培养实验技能的途径

（一）让学生在教师的演示实验过程中得到学习

教学过程的演示实验是大量的，学生可以在长年累月中，通过耳濡目染，潜移默化地学到实验技能和技巧。这就要求教师必须具有较高的实验技能、技巧。因而教师在课前要有充分准备，做到实验操作要熟练，动作要准确，观察的现象要明显，测量或读取数据的方法要正确，得出结论的依据要可靠，从感性到理性，从直观到抽象的飞跃要符合人的思维活动规律。教师在演示过程中，动口动手，一步一步地教给学生各个细节的操作要领和注意事项。教师从操作到总结出规律、定理、概念，都必须有科学的态度，认真严肃，不能草率从事，要给学生做出良好的榜样。

教师在演示过程中，还应积极让学生一起参加演示，例如，请几个学生到台上一起操作，或在老师指导下独立操作，或由学生观察现象向全体学生汇报。这样，师生协作，互相配合演示，学生的积极性会得到更好的激发，教学效果会更好。

（二）教师边教学生边做

这种方法就是师生都有一套仪器在手，教师在台上做，学生在台下做，师生共同整理数据，分析误差，总结出规律。例如，在做"热胀冷缩"的实验中，就比较适合采用这种方法，因为这个实验的仪器比较简单，这种仪器数量也较多。教师把实验仪器发给学生后，首先应介绍实验目的、步骤、读取数据的方法、注意事项，随后叫学生们跟着教师一个一个动作，一步一步地进行实验，并且在表格中记下每次测得的数据，最后进行处理，分析得出规律。实验完毕，收拾仪器的过程也不能马虎，并告诉学生们玻璃细管中的水银是有毒的，操作中要小心，不要让水银跑出管子，玻璃管要稳拿轻放，更不能打破，让水银落到地上。这种方法对初中学生更为有效，因为初中学生刚开始学习物理实验，心理特点是既好奇又紧张，对物理实验技能的掌握几乎是从零开始，他们对教师步步指点的要求是很迫切的，教师应耐心地训练培养，使之有一个良好的开端、良好的习惯和正确的操作方法。

（三）让学生独立进行实验

学生独立进行实验是培养实验技能的一种重要手段，不同班级学生的基础不同，我们要从学生的实际情况出发，提出合理的要求。对刚学习做实验的初中学生，教师应在实验前给学生讲解或示范后再让学生自己去做。随着学生实验技能的不断增长，逐步要求学生课前预习，然后在实验前由教师提问检查，再由教师简要归纳指点，使学生基本弄清实验的各项要求后才开始实验，一般是初三及高中一年级可采用这种方法。在实验前由教师简单提问、检查指点后即可开始进行实验，教师则可巡回检查辅导，抓薄弱环节和成绩稍差的学生进行具体帮助。

（四）指导学生进行力所能及的课外实验

这样做一方面可以提高他们学习物理的兴趣，另一方面可以培养他们独立进行实验的技能。在讲杠杆原理时可以布置学生每人做一把市秤，一般大部分学生都可以兴趣很浓地认真完成，做出来的秤不但外观美而且也较准确。在讲共振现象时，布置学生在课外挑水，或用脸盆端水中，进行共振条件的实验；在讲电动机、变压器、扩散、汽化、熔解等内容时，都要根据学生的具体情况布置和指导他们做课外的实验活动。在学生课外实验中，教师应积极鼓励和指导，如有的学生学习稳压电源时，想自己装稳压电源供家里使用，教师可以帮助他们实现他们的意愿。通过这样的指导、帮助、鼓励，学生可以在课外得到不少的锻炼，许多学生的实验技能会得到提高。

（五）组织参观学习

在实验室、课堂中学习的实验技能是小规模和单纯的，它与生产实践中的技术有一定的联系，但也有区别。教师可以组织学生到工厂等生产单位去参观，开阔眼界，补充实验室中的不足之处，同时也是进行实验技能教学的一个重要方面。

（六）培养学生设计实验，制造简单仪器

应适当地指导学生根据研究问题的需要进行一些实验设计，或制造一些简单的仪器，以便验证定律定理或研究某个问题。

（七）组织课外兴趣小组

在课外兴趣小组活动中，学生可以根据自己的兴趣参加活动，发展自己的才能，并且在活动中使自己不断得到培养和锻炼。因此，有条件的应该很好地组织课外兴趣小组。

第三节　初中物理演示实验的改进

物理教学中的演示实验是理论联系实际的一个重要方面。通过演示，学生可以获得感性知识，为讲授理论知识打下必要的基础。教学中只有先把现象揭示出来，才能促使学生根据现象去进行思索，因此，演示也是发展学生思维能力的前提。此外，演示又是对学生进行实验技能训练的示范。总之，演示实验在物理教学中具有十分重要的地位。

那么，怎样使演示实验收到良好的效果呢？有学者从改进演示实验装置和提高教师实验教学水平两方面提出了几点做法和看法。

一、改进演示实验装置

（一）科学性原则

演示实验教具首先就应该是严谨的、合理的、科学的，能够正确反映物理概念和物理规律。科学性原则其实是最难达到的，看似普通的一个演示实验教具，其中蕴含的科学和技术满不满足要求、是否符合逻辑都需要设计者认真斟酌，反复实验推敲改进。因此，一个优秀的演示实验教具包含的辛劳和汗水是不可估量的。比如，探究电阻大小跟哪些因素有关的实验，用石墨作为导体材料，其中的铅笔芯就有七八种之多，要选出最合适的不是易事。除了要有软度越大电阻越小的专业知识以外，还要有一定的木工技术才能做得美观、大方、科学。

（二）趣味性原则

物理演示实验教具应该尽量贴近生活、与学生的生活息息相关，如此才能激发出学生的求知欲和好奇心，比如，关于马路上的路灯是串联的还是并联的，晚上一盏灯灭了，另外的灯还会继续工作吗？设计一个简易教具，既生动又可以说明问题，学生就会眼前一亮。又比如，圣诞节的彩灯是串联的还是并联的？老师真的拿出一株圣诞树，上面挂满彩灯，同时演示示范。这样的演示教具不仅有趣，而且具有极强的说服力和亲和力。

（三）经济性原则

物理演示实验教具无论用工厂成品还是改进、自制替代品也好，都离不开成本控制，低成本的演示实验教具不仅有利于教学活动的顺利开展，也有利于农村中学真正把演示实验教具落到实处。要想达到这一目的，方法有如下几点可供参考：第一，教具的获取方式可以通过互联网购物的形式，也可以去材料的集散地购买。第二，在设计演示实验教具环节，要优先考虑到材料获得途径难易度的问题。第三，尽可能使用一些生活中常见的物品进行替代，家里的坛坛罐罐等物品是制作教具的重要材料来源。第四，充分发挥群众、家长的主观能动性，每个人从家里带一个易拉罐、矿泉水瓶、废旧的报纸、塑料板等。

二、提高教师实验教学水平

（一）物理教师实验素养

关于教师知识方面，舒尔曼指出，一个合格的教师应该具有丰富的知识和较强的能力，这里的知识包括学生教材知识、不同学科的学习方法和技巧知识、课程安排以及设置知识、综合性的教学方法理论知识、不同教学目标的综合信息知识、教育所要实现的目的知识、相关课程的简单专业性知识等。

综观各学科教师专业素养的研究成果，一般认为教师的专业素养主要包括思想道德素养、科学文化素养、教育教学素养、身心素养等。在这里，结合物理学科实验特点，将物理教师实验素养结构组成设定为以下四个方面：关于实验知识方面素养、关于实验技能方面、关于实验教学能力方面、关于实验信念方面。

（二）提高教师实验素养的途径

物理实验素养高低的关键因素就是教师本身。教师在提升自己实验素养时，不仅要有丰富的物理实验教学知识与理念，还要有优秀的物理实验能力以及在物理实验教学中不断学习的态度。

1. 树立正确的物理实验教育理念

物理教师的实验素养不仅仅是实验探究能力，还包括物理实验教育的相关理念和知识。只有具备正确的物理教育理念，才能在物理实验教学中向学生传授正确的实验知识，培养学生用科学的方法去解决物理问题，促进学生正确的人生观、价值观、世界观与科学观的形成。教师教育理念的树立有助于教师自身实验素养的提高，还有利于实现新课标中对于"知识与技能""过程与方法""情感态度与价值观"三个方面的要求。

2. 加强教师物理实验课的教学能力

物理实验教学能力只是物理教师实验素养中的一个方面。要想提高物理教师的实验素养，应从以下几个方面努力：第一，要提高物理教师实验教学能力。教学能力的提升是建立在实验能力基础之上的，要树立这种意识；第二，要注重自身实验能力的培养，如在实验中多尝试、多创新。物理教师实验能力包括设计实验的能力、演示实验的能力、操作实验的能力、实验现象的分析能力、实验总结的能力、实验评估的能力及组织学生进行实验的相关能力，因此，加强物理教师实验能力对于物理教师实验素养的提高是非常重要的。

3. 在设计和制作教具的实践中，提高实验技能

提高实验技能的最有效办法是教师亲自动手设计和制作教具，在实践中增长实验技能，同时也促进理论水平的提高。

第六章

初中物理课外实验
活动及示例

第一节　初中物理课外实验活动概述

一、初中物理课外实验活动的重要意义和作用

为了有效地完成初中物理教学任务，充分发展学生的学习兴趣与智力，必须把课内的教学活动和课外的活动（第二课堂）有机地结合起来。中学生生活在丰富多彩的物理世界中，有许多可供观察的自然现象，有不少可供探索的物理技术问题，有各种各样日常生活提供的训练课题和创造活动等。它们就成了组织中学物理教学第二课堂的重要部分。积极开辟中学物理教学的第二课堂，是培养学生对科学的志趣、发展青少年智力、培养新型创造型人才的迫切需要和不可缺少的重要途径。第二课堂的重要意义和作用将越来越清楚地展现在人们面前。从我们今天已有的实践经验和认识水平来说，初中物理课外实验活动至少能起到如下一些具体作用。

第一，学生通过有意识地对自然界、实际生活和生产技术中的物理现象进行观察，可以大大丰富感性认识。为接受与巩固课内的系统知识打下较好的基础。在老师的指导下，学生还可以把学到的物理知识主

动应用于课外实践，从而深化与活化已掌握的知识，从课外教学与课堂教学的密切联系来看，课外实验活动是课堂教学必要的补充和重要的延伸。

第二，课外实验活动可以不受教学大纲教学要求的限制和教学进度的约束，它既能面向全体学生，又不要求每个学生都进行同样的活动。只要认真加以组织，学生可以根据自己的兴趣和能力进行选择，而这些活动又以其小型、灵活、生动、多样的特点吸引着不同的学生。也就是说，它能够满足不同程度、不同个性、不同兴趣的学生的需要，有利于因材施教，调动全体学生学习的积极性和自觉性，有利于学生的个性发展和智力开发，可以较早地发现人才和培养人才。

第三，课外实验活动是以学生独立为主的实践活动，在选题、取材、时间、空间上都比课堂教学有更大的灵活性，可以在相当大的程度上让学生独立操作、独立思考和独立解决问题，因而有利于学生施展聪明才智，培养能力，发挥创造力。学生从独立实践中能够不断获得正反两方面的经验和教训，因而也有利于培养和锻炼其独立工作的能力。

第四，学生课外实验活动的内容不少，都与生活联系得比较紧密，它所涉及的知识比课内知识广泛得多，有些内容还涉及多种学科，综合要求较高，因此，它不仅能使学生认识科学与生活有密切的联系，而且有利于开阔学生的知识面及培养理论联系实际、灵活运用知识的能力。不仅如此，在课外实验活动中，往往还能较迅速地反映科学技术中的新成就和进展，因此，有利于学生接受新的信息，开阔视野，活跃思想。

第五，在课外实践活动中，在教师的积极引导下，学生可以受到更多的社会主义精神文明的教育和新思想的熏陶，培养劳动观点和手脑并用的习惯，发扬集体主义精神，培养开拓进取与实事求是的作风，对于有些涉及经济效益和经营管理的问题，学生将在正确对待中受到教育。

总之，努力开辟初中物理教学的第二课堂，积极开展课外物理实验活动，对培养新一代的创造性人才具有深远的意义。

二、课外物理实验的类型及要求

中学生课外实验活动按组织形式分为三种基本方式。第一种是为了配合教学，把实验的内容、要求、方法等由教师布置给学生，由学生自己创造实验条件，包括选取日常生活中的一些物品当作实验器材、自制一些简单的仪器或零件，自己动手独立完成一些小实验等。这种实验一般都比较简单，学生大多可在家中完成，因而也称为家庭物理实验。第二种是充分利用实验室的仪器设备条件，采用课外时间开放实验室的办法，在教师指导下，让学生自己设计实验方案，安装仪器，完成实验。第三种是利用课外活动小组的形式进行的实验活动，这些活动相对来说比较大型和复杂一些。

课外实验活动按内容来分，可以有如下一些不同的类型：

（一）观察性实验

大自然、日常生活和生产技术是实验物理的广阔课堂。有意识地引导学生观察，对培养学生兴趣、提高观察能力、培养洞察事物的思维能力是很有益的。例如，布置学生在静止的火车上观察窗外另一辆启动的火车，体验一下运动参照物的作用，将给学生留下非常深刻的印象。雨后的彩虹，湖面的涟漪，五彩晶莹的薄膜……在师生的相互启发下，都将有新奇的发现。对这类活动的指导，教师的重点应放在扩大观察范围和培养兴趣上，可以采用如下的方法：经常布置观察课题，鼓励学生写观察周记；定期举办观察发现汇报会，配合实验复制观察到的自然现象等。

（二）课内教学的补充性实验（小实验）

课内教学的补充性实验包括家庭进行的小实验和实验室开放的小实验，目的在于帮助学生进一步理解物理概念和规律，灵活运用所学的知识，训练实验技能。可以根据教材各单元的教学要求，补充一些实验，例如在初中补充一些国际单位感性化的小实验和联系生活与生产的应用性小实验。

（三）课外小制作

让学生制作一些简单的仪器，如弹簧秤、杆秤、天平、显微镜、小电动机、简易万用表等。在开展这类活动时，应注意教会学生如何把动手和动脑结合起来，不应当仅仅局限于一种单纯的制作活动中。例如，制作弹簧秤的时候，要让学生通过实验研究弹簧的伸长和外力之间的关系，找出最大测量范围，确定最小分度；选择秤盘的重量，确定零点。

（四）小型科研训练实验

这类实验开设的目的侧重于使学生获得物理实验研究方法的训练，教师可以列出一些研究课题和提示，让学生设计方案，经与教师商定后进行实验。应当看到，所谓科研训练实验，并不一定总要内容复杂或难度较高，应当努力开发一些小型的、含有某些巧妙设计思想的实验。例如，让学生研究自制量杯的刻度，可以用已知量直接测液体体积的方法，可以用称质量的方法，也可以用数液滴的方法，还可以用计时测流量的方法，这里包含着间接测量的思想。用数液滴和称质量结合的方法可以进一步减小实验的误差。这里包含有许多科研实验的基本方法，对未来的学习将是很好的锻炼和准备。

（五）游艺用的趣味性实验

为了培养学生对物理学的兴趣，活跃学生的文化生活，可以采用一些游艺性的实验在课外进行，或者在游艺会上表演。对这类实验要求利用物理原理，加上适当的艺术夸张，使之新奇、有趣。例如，沸水煮鱼、纸锅烧水、一纸托千斤、圆锥上滚等实验。

（六）联系现代科技成就的科技活动

为使学生了解现代科技成就的发展和应用，可以组织一些能力较强、兴趣较浓的学生组成课外科技活动小组。例如，微电脑小组、无线电小组、航模小组等，让学生通过这些小组活动得到更深入和全面的训练。

为了组织好上述各类型的课外实验活动，我们必须根据具体情况妥善安排。在选题上应考虑到科学性强、趣味性浓、取材容易、制作简便、效果明显，安全可靠；在指导上，应抓住关键重点指导，要大胆放手，切忌包办代替。可以通过展览会、表演会、小论文报告会、物理竞赛等形式推动教学第二课堂的发展。随着教育体制改革和教学改革的深入，物理教学第二课堂的内容和形式必将不断地得到丰富和发展。

第二节　观察性实验示例

一、漫反射现象的观察

漫反射的作用往往不被学生们所认识，他们似乎觉得镜面反射是不可缺少的，而漫反射只是附带的现象，没有什么作用，其实不然。因此，有意地安排一些对漫反射现象的观察实验，对帮助学生搞清漫反射的作用是极为有益的。

（一）野外观察

选择一个雨后的夜晚，在黑暗的野地里进行观察。把手电筒的光汇成一束，最好再用一张黑纸卷成筒状，套在手电筒头上。将电筒光对空中向各个方向照射，这时站在边上的人不容易发现电筒的光束，电筒光也并不为周围空间增添明亮，好像电筒不亮一样。如果在光线行进的途中设法在空气中扬起灰尘，则一道光束清晰可见。

将手电筒的光束射向池塘的水面（或射向一块大的平面镜），只能在水面（或镜面）上留下一个不太亮的光斑，周围仍旧黑洞洞的，也看不见手电筒的光柱。若将电筒光束投射在白色的物体（如白纸或白布）上，则无论从哪个方向看去，都显得非常明亮，整个空间也好像一时亮了许多。

（二）室内观察

没有室外观察条件的，可在空气清新的夜晚，在室内进行上述观察，结论将基本相同。只是当光束投射在白墙上时，由于几面墙壁的多次漫反射而使整个室内一片通明，比室外观察时要亮得多。

在指导学生进行观察后，可引导学生结合日常生活现象展开讨论，让学生搞清漫反射使我们看清物体的道理：我们之所以能看清各式各样的物体，绝大多数是因为这些物体发生了漫反射。

这类观察性实验不仅有助于掌握知识，而且能帮助学生们提高观察力。

二、光的色散现象的观察

光的色散现象说明白光是由各种颜色的光组成的，引导学生对色散现象的观察不仅能使学生搞清白光的组成，注意各种色光的排列顺序，而且还能学到用多种方式观察同种现象的观察方法。

（一）美丽的彩虹

夏天，雨后的晴空经常会出现一道美丽的彩虹，它是太阳光经空气中的许多小水珠折射、反射而形成的。观察彩虹，看它里面的各种色光的排列顺序，是红色的还是紫色的在下？彩虹的位置与太阳的位置有什么关系？

在斜射的阳光下，背向太阳，用喷雾器喷雾，或者将一口水喷成雾状，即能看到雾中出现的人造彩虹，与天空中观察到的彩虹一样。

在房间里也能造一条虹，只要把一杯水放在窗台上，在地上铺一张大白纸，太阳光通过水发生折射，于是在纸上形成一道非常美丽的彩虹。

（二）自制水三棱镜

白光通过三棱镜分解后，形成绚丽多彩的光带（光谱）。学生可以自制一个水三棱镜来观察光谱。

　　找三块长方形的玻璃片和一个小塑料袋，就可以自制一个水三棱镜。三块玻璃片围成一个三棱柱，用细线或橡皮筋扎紧，塑料袋内充满水，两端用细线扎紧。也可以用三块长玻璃和两块三角形铁皮用油灰或医用胶布胶粘，先留出上面的一块三角形，待装满水后再用胶粘住，这种水三棱镜的分光效果与玻璃三棱镜差不多。

　　寒冷的冬天还可以将一块冰加工成冰三棱镜，加工时需要注意使表面尽可能平滑，否则分光的效果会较差。

　　观察时，把三棱镜横放在阳光下，太阳光通过三棱镜后，在地面上形成一条彩色的光带。注意太阳光在通过三棱镜后是向什么方向偏折的，什么色光偏折得最多。

　　在室内用白炽灯来观察光的色散，须将光源放置得离三棱镜较远，并在三棱镜前放一个狭缝。

　　不用三棱镜，用如图6-2-1所示的简单方法也能观察到光谱。在水盆里斜靠一面小镜子，然后让阳光投射到水里的镜面上，经镜面反射再折射至天花板上，由于阳光进入水和由水射出两次折射（这与三棱镜的情形相似），投射在天花板上的也是一条彩色的光带。

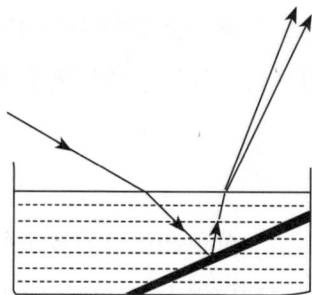

图6-2-1

三、对物体颜色的观察

（一）方法1

在一杯清水里滴入几滴红墨水，然后举起杯子，朝着灯光，透过杯子观察，发现水是红色的。如果让灯光从侧面照亮杯子，并观察经杯子外壁反射来的光线，水就成绿色的了。

或者在一块玻璃片上滴几滴红药水，待干后透过玻璃片观察，就能看到红色，如果用玻璃片把光亮反射到眼睛里，就会看到绿色。

（二）方法2

低压钠灯普遍地用于城市街道照明，这种灯发出的是一种柔和的黄光。我们可以拿各种颜色的物体在这种灯光下观察，结果发现不论红、绿、蓝哪种颜色，都失去了它原来艳丽的色彩，而变成了一致的暗灰色。由于低压钠灯所发出的并不是纯净的钠光（黄光），因此，将有色物体放在离钠灯较近处观察时，还能看出一些本来的颜色。

最好是自己制作一个钠灯来观察，制作方法很简单：在一个小碟子或一块铁片上，放一些硼砂（$Na_2B_4O_7 \cdot 10H_2O$，药房可以买到），然后倒入一点酒精，在黑暗处将酒精点着，开始冒一种黄色的火焰，很快就出现了明亮的黄光，这就是钠光。在这种钠光下观察各种彩色画页，除了黄的和白的显现出黄色，其他红、绿、蓝各种颜色都成了统一的暗黑色。

感兴趣的学生还可以在红、绿灯泡的灯光下观察一下彩色画页，看是什么颜色。

（三）方法3

用两只手电筒，分别贴上黄色和蓝色的玻璃纸，使射出的光分别是黄光和蓝光。把两种光一起照到白墙上，并使两束光逐渐重叠，可以看到，重叠部分不是绿色而是白色。若用三只手电筒，分别罩上红、绿、蓝色的玻璃纸来做实验，先将红、绿光重叠，得到黄光，再将蓝光叠加上去，也得到白光（想想这是为什么）。

有时由于各手电筒射出的光强弱不一，而使重叠部分略显某种颜色，这时相应将该色光的手电筒移远些即可。

物体之所以有各种不同的颜色，是因为太阳光本身包含有不同的色光和各种物体能透过或反射不同的色光。这里介绍的几个实验效果强烈，能给人留下深刻的印象，对帮助学生理解物体的颜色，培养细致的观察习惯是非常有益的。

第三节 课内教学补充性实验示例

一、天平的妙用

天平在通常情况下是用来称量物体的质量的，但是为了开拓学生们的思路，扩大天平的应用范围，物理教师可以向学生们提出问题：如何利用天平来称出物体的面积和体积？教师在必要时可以适当地对学生加以引导和启示。让学生们实地去称一下，可以锻炼他们应用天平的能力。

下面是"称"面积和"称"体积的方法。

（一）"称"面积

例如，一张地图上已标有绘制比例，但由于地图的边界很不规则，我们很难从地图上估算出某一国家或地区的实际面积。

可找一张硬纸片，纸片的厚薄一定要均匀，用复写纸将地图的边界印在纸片上，然后沿边界将地图剪下。再用同样的硬纸片剪一个边长为1cm（或10cm）的正方形。

用天平分别称出正方形纸片和"地图"的质量，并计算出"地图"质量是方形纸片质量的多少倍，就可以算出面积。

同样的方法可以求出一曲线与一直角坐标所围成的图形的面积，因此，即可间接"称"出相应的物理量的大小。

（二）"称"体积

形状不规则的物体的体积一般是用量筒来测量的，但是如果物体的体积不太大（如一把钥匙），用量筒来测量，读数误差就很大。为了准确地测出体积，我们可以采用天平"称"的方法。从阿基米德定律我们知道，物体浸在水中要受到水的浮力而减轻重量，减轻的重量与排开的同体积的水的重量相等，因此，若要测出比重较大的不规则物体的体积，只要先把物体在空气里称一下，再浸没在水中称一下，两次称得的重量之差，就是与物体同体积的水的重量。因为水的密度是已知的，所以不难算出水的体积，也就是物体的体积。

二、"筷子提米"实验的研究

"筷子提米"的实验在初二课本的小实验中已有介绍，为帮助学生搞清这个实验原理是由于摩擦力将米提起来的，可要求学生除采用课本上的方法外，再按下列步骤进行实验：

第一步，将杯中的米装紧（严实）后，用左手紧捂住米，右手拿一支竹筷从左手指缝中正对杯子中部插入和不用手捂住米而将竹筷插入，并进行比较。

第二步，在杯中米装紧和未装紧两种情况下，用手紧捂住米插入筷子进行比较。

第三步，用竹筷子和用光滑的玻璃筷或象牙筷做实验，并进行比较。

第四步，用粗糙的米和用精白的大米分别实验进行比较。

第五步，分别用塑料水杯和玻璃杯实验进行比较。

从以上的实验对比中总结出摩擦力的规律。

让学生们在实验中分别变换某项实验条件，观察实验结果的变化，这种对比实验的方法，对于帮助学生们搞清实验原理，加深对物理现象的本质认识是极为有益的。学生们像科学家探索自然奥秘一样在实验中探索物理规律，将产生浓厚的兴趣和强烈的求知欲。因此，教学中应多安排一些这样的训练。

给初二学生解释实验现象时，应当注意，这里涉及的是静摩擦问题，不能从这个实验得出摩擦力与正压力、摩擦系数有关的结论，由于学生没有最大静摩擦力的概念，所以只能定性地说明，例如，用"能够产生的摩擦力不足以支持杯子和米的重量"来解释提不起来的原因。

三、用算盘研究摩擦力

为了加深学生对相关内容的理解，可以让学生找一个算盘来做实验，通过实验找出影响摩擦力的因素，从而研究其初步规律。用一个算盘和一段粗一些的橡皮筋，在橡皮筋的一端用细线拴一个铁丝钩。

第一步，用铁丝钩钩住算盘的一端，分别拉算盘在桌面上滑动和滚动，从两次实验中橡皮筋的不同伸长比较滑动摩擦和滚动摩擦的大小。

第二步，依次在算盘上放一、二、三本书重新实验，从每次橡皮筋的不同伸长看摩擦力与正压力的关系。

第三步，将算盘先后移至不同粗糙程度的台面（如垫纸板或垫布）上重做滑动摩擦实验，看摩擦力与接触面粗糙程度的关系。

第四步，重新做滑动摩擦实验，逐渐加大拉橡皮筋的力，开始橡皮筋逐渐伸长，但算盘并没有被拉动，这个过程说明了什么？（说明静摩擦力是一个变量）然后继续加大拉橡皮筋的力，注意观察算盘刚被拉动时和做匀速运动时橡皮筋伸长的不同，从中得到什么规律？（最大静摩擦力大于滑动摩擦力）

用算盘研究摩擦力是一个简单易行的实验，它不仅能帮助学生搞清有关摩擦力的一些概念，而且能从比较各种情况下摩擦力的大小认识摩擦力的初步规律。

这个实验有几点需要注意，必要时应向学生讲清楚。

第一，实验中用橡皮筋的伸长来测量力，严格说来，橡皮筋受力伸长一般是不遵循胡克定律（伸长与力成线性关系）的，但在一定范围内其伸长量随拉力的增大而增大的关系是存在的，这一点可用来粗略地比较力的大小。

第二，橡皮筋上示出的是拉橡皮筋的力或橡皮筋拉物体（算盘）的力，当物体静止或做匀速运动时，此力与摩擦力相平衡，因此，橡皮筋的伸长只是间接显示了摩擦力的大小。

四、空气有重量

将一个打足了气的篮球，用网兜挂于杆秤的尽梢处，在秤钩上挂一个小提桶，向桶内加砂，使杆秤保持平衡。然后放出球里的空气（须保持篮球悬挂的位置不变），平衡被破坏，秤杆挂球的一端翘了起来，从而显示了空气是有重量的。

这里介绍的实验是利用杠杆（不等臂杠杆）平衡被破坏来显示重量的微小变化，从而证明了空气是有重量的。这种显示力的微小变化的实验方法在很多情况下经常使用。气球本来就不重，在实验过程中重量变化又不大，这种情况下采用不等臂杠杆（杆秤），并有意将重物当秤砣挂于杆梢处，这样更易于显示出微小的重量变化。

用气球做实验时，由于气球中空气放掉以后体积发生了变化，气球所受到的浮力也发生了变化，也会引起杠杆平衡的破坏，这一点必须提醒学生在分析时考虑在内。实验中，气体放掉后球的体积缩小，所受空气的浮力也减小，球端应变重，而实际是秤杆上翘，球变轻了，这样就更说明空气有质量了。

五、浮体的重量与所排开的液体的重量相等

（一）方法1

找一个略大一些的罐头盒，在上口的边缘用锥子对称地锥三四个小洞，并拴上细线，以便将盒提起来。将盒子装满水后钩挂于测力计或杆秤下，称出盒子连同水的重量。然后将一木块小心地漂浮于盒内的水面上，此时有一部分水从盒内溢出，但测力计的示数却没有变化，利用不同的浮体重新实验，情况相同。

（二）方法2

将一个大的水盘（如茶盘）小心地支放在墨水瓶口上，然后在盘的边缘处放入一个小木块，尽管放的动作很轻，盘子还是要翻倒。如果先在盘子里盛大半盘子水，再让木块漂浮在水面上，当木块漂至盘的边缘时，水盘便不再翻倒。

漂浮于水面的物体，处于平衡状态，其浮力与重力相等。根据阿基米德定律，浮力又等于它所排开的同体积的水的重量。因此，漂浮于水面的物体其重量与所排开的水的重量相等。但是，不少学生对这一关系不能很好掌握，以致在碰到像浮冰溶解一类问题时感到无从下手。这三个实验对于学生搞清浮体重量、浮力、排开液体重量三者之间的关系很有帮助。教师在布置这些实验时，只需告诉学生们实验的方法、步骤，而对实验的结果可让学生们自己去寻求，并要求学生对实验的结果进行分析，以加深对物体平衡和阿基米德定律的理解。

六、"打捞沉船"的实验

第一，在大盆里盛半盆水，将铝箔捏成小船的样子。

第二，小矿泉水瓶中装满水，放进大盆后，在瓶上扎几个孔。用线绳把"铝船"和小矿泉水瓶绑在一起。

第三，把塑料管一端套在矿泉水瓶口上，另一端放在盆外，用嘴对着塑料管口吹气，可以看到矿泉水瓶中的水会从扎了小孔的地方冒出来。

第四，瓶子慢慢地被吹进去的气体充满，最后带着"铝船"浮出水面。

解析：这其实就是模拟"打捞沉船"的原理，小矿泉水瓶装满水沉底后，像一个打捞起重装置，把它和"船"连在一起，通过送入气体而排出瓶里的水。这样，瓶子受到的浮力就大于它本身重量与"船"重量的总和了。因此，矿泉水瓶最终能带着"船"一同浮上来。当然，我们用的这些装置比实际打捞时的简单得多。

七、测声音在空气中的传播速度

由三个人站在较平直的公路上进行实验。一个人为发令者站在起点用竞赛信号枪（或者点燃一只爆竹）发送信号，另外两人在离发令者尽可能远一些的地方（如300m左右）接收信号。两人各带一只经过校准的秒表，把其中一人的眼睛蒙起来，把另一人的耳朵堵塞起来。当发令人开枪后，两人分别根据光烟信号和声音信号启动秒表，然后再把秒表交到一人手中，同时揿停秒表。两只秒表的读数差即近似为枪声从发令处到接收处传播的时间。

距离可以用数步法测出，或者将自行车轮上做一个记号，数出自行车从起点到终点的车轮转数，再根据车轮半径求得，还可以根据人行道边的水泥电线杆的数目求得。这样即可算出声音在空气中的传播速度。

  这个实验是测量长距离和短时间的综合训练，对初中学生是很适宜的。为了发挥学生的主动性，可以让他们自己提出测试的方法，并在实践中修正和改进。

  由于各人动作反应的灵敏程度不一样，会出现一定的系统误差，可以用交换测量的方法来减小。如果两只秒表的时标差异可以察觉，则应当以一只表为标准，测出修正值加以修正。对于偶然误差可以用多次测量求平均值的方法来减小。在这个过程中，学生可以学到一些减小误差的方法。至于测量结果，只要能达到数量级的要求就可以了。

  如果在远处看不清发射时的烟光，可以让一个接收者到发令人身边去启动秒表。这个实验也还可以利用收听广播的方法来进行。例如，实验者带着秒表和收音机到离开某高音广播喇叭很远的地方（如1000m远），根据自己身边收音机发出的报时信号启动秒表，再根据听到远处喇叭传来的报时信号撤停秒表，由此测出时间，再运用几何测量的方法测出距离，即可测出声速。

  如果在郊外能找到一个回声明显的地方，实验可以做得更为巧妙。在回声墙前约50m远的地方，实验者连续均匀地击掌，调整两次击掌的间隔时间，使听到的回声恰巧约在两次击掌的中间时刻。测出听到n次掌声所经历的时间为t，那么，声音从发出到接收到的时间即为$t/2(n-1)$，由此同样可以求得声音在空气中的传播速度。

第四节　研究性实验示例

一、自制量杯的刻度问题

（一）课题

有一只非直筒形的小玻璃瓶，总容积是100cm³，请用它做一个小量杯，要求最小刻度是5cm³。实验的器材有量筒（最小刻度5cm³）、天平、秒表、粗试管、一段细橡皮管、坐标纸等。选用器材时有下列要求：

第一，不允许直接用量筒和天平来标定刻度，但可以用量筒来检验刻度是否符合要求。

第二，可以用粗试管和细橡皮管组成放水的容器，配合使用天平，或者配合使用秒表、量筒。

（二）实验方法

1. 滴水法

用试管和细橡皮管组成放水容器，调节细橡皮管出水口的高度，使水一滴一滴地流到小玻璃瓶中。同时进行计数，流入20～30cm³水时停止放水。在天平上称出水的质量，就可以算出5cm³的水共有多少滴。以后就按照这个标准把水滴入小玻璃瓶中，每5cm³记一个刻度，直到满刻度为止。

2. 计时法

用上面的放水容器装满水，使水连续地流到量筒中，同时用秒表测出量筒中的水达到5cm³、10cm³、20cm³、40cm³、60cm³、100cm³的时间，再作出体积—时间的实验图线。根据图线查出需要刻度的体积所对应的时间，再分别按照这些时间往小玻璃瓶内放水，并标出刻度。

（三）分析与研究

本课题要求的方法并不是测液体体积的常用方法，安排这个实验的目的主要是给学生一些实验方法的训练。例如，用计时法测量体积时是一种间接测量的方法，要能用间接测量表示测量结果，必须弄清直接测量与间接测量在一定条件下的关系，当这种关系不明确的时候，或者通过理论的方法或者通过实验的方法求得。在实验中常用图线来表示这种关系，然后应用内插法就可以方便地求得需要测量的结果。在滴水法中体现了一种减小误差的训练。即当一种仪器的精密度达不到要求时，可以借用一种"中间量"。

液滴就是这样的一种"中间量"，先用加大总数的方法减小测量"单一量"的相对误差，再用测得的更为精密的"单一量"去测量待定量。这些方法都具有普遍的意义。

在应用计时法的实验中，学生常常把流出的水量与时间的关系看成线性关系，先采用截面较小的容器（试管）能使学生的错误暴露出来，当他们发现误差很大时，就会去寻找原因，找到正确的方法。这里介绍的通过实验发现规律性现象是一种方法，控制条件，使流量与时间满足线性规律（如加大容器的截面积，提高液面到出水管口的距离）也是一种可取的方法。

二、用数液滴法测固体物质的密度

（一）课题

有一个不规则的石蜡块（密度小于 $1 \times 10^3 kg/m^3$），如何测定它的密度？实验中既没有天平，也没有量筒，只有两个容器和一根自行车胎气门芯用的长橡皮管。

（二）实验方法

把石蜡块放在水中时，它是漂浮着的。根据物体的浮沉条件可以推导出石蜡与水的密度之比等于漂浮时石蜡块浸没在水中的体积 V_1 与石蜡块的体积 V_2 之比。因此，可以用比较法测出石蜡块的密度。

$$\rho = \frac{V_1}{V_2} \rho_水$$

在这里，因为没有量筒，具体地测出 V_1 和 V_2 是困难的，但可以用下列方法测出 V_1 与 V_2 的比值。

1. 在甲容器中装满水恰到不溢出为止，把石蜡块小心地放入水中，此时有一部分水被溢出，接着把石蜡块从水中拿出。然后，在乙容器中装水，并用细橡皮管把其中的水引出，使水一滴一滴地流入甲容器中，直到甲容器中的水注满到原来状态为止（如图6-4-1所示），记下水滴的数目 n_1。

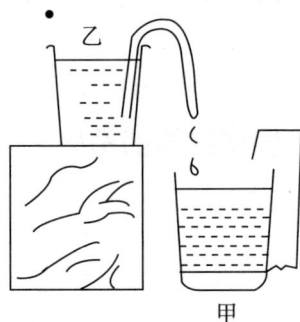

图6-4-1

2. 把石蜡块用一根小针顶着，使它完全浸没在甲容器的水中，然后把石蜡块小心地从水中拿出，再按上述方法使容器的水滴满，数出水滴数 n_2，显然 $\dfrac{V_1}{V_2} = \dfrac{n_1}{n_2}$，则石蜡的密度如下：

$$\rho = \frac{n_1}{n_2} \rho_{水}$$

（三）分析与研究

在这个实验方案中，测体积的设计思想是很巧妙的，也就是以一滴水的体积为单位使一定量水的体积可以用滴数来表示，又因为需要知道的只是两个体积的比值，所以与所取的体积单位无关。在引导学生考虑设计方案的时候，可以提出"有哪些测体积的间接方法"的问题，使学生的思路打开，然后再根据课题要求集中思维，从而找到解决问题的方案。

在实验过程中还应当注意引导学生考虑如何减小实验误差。例如，选择大一些的石蜡块；在杯口扎一根铁丝，使铁丝的一端位于杯口的平面内，用水面与铁丝尖端是否接触的方法来判断停止计数的时刻。

在完成这个实验的基础上还可以把课题再引申一步，如提出如下问题：如果物体的密度大于水的密度（例如，有几个玻璃球），应如何测量？只要用牛皮纸折一只小船，把弹子放在船中，使船漂浮于水面，再把弹子放在水中沉于水底，用上述方法则可求得组成弹子物质的密度。用这个实验还能够研究历史上曾经使三位著名的物理学家为难的问题：在一次国际学术会议期间，有人向三位著名的物理学家——伽莫夫（Gamob）、奥本海默（Oppenheimer）和诺贝尔奖获得者布洛赫（Bloch）提出了一个有趣的问题：在一个不大的池塘中浮着一只载满石头的小船，假如船上的人把石头投进水里，水面的高度会不会变化？让学生研究这样的问题，能够激发学生浓厚的学习兴趣。

三、用杠杆法测固体物质的密度

（一）课题

测定某一固体物质的密度。给定的器材是一根直尺、一个质量未知的重物、一只盛有水的容器、线等。

（二）实验方法

首先用线拴在均匀直尺的重心位置，把直尺悬挂起来，作为一个有固定转动轴的杠杆。在尺的左边离支点距离为d的位置把待测密度的固体悬挂起来，然后在尺的右边悬挂重物，调节重物悬挂点与支点的距离使杠杆平衡，测出这个距离d_1。再使待测物完全浸没在容器的水中，改变右边重物的位置，使杠杆重新平衡，测出重物悬挂点与支点的距离d_2（如图6-4-2所示）。

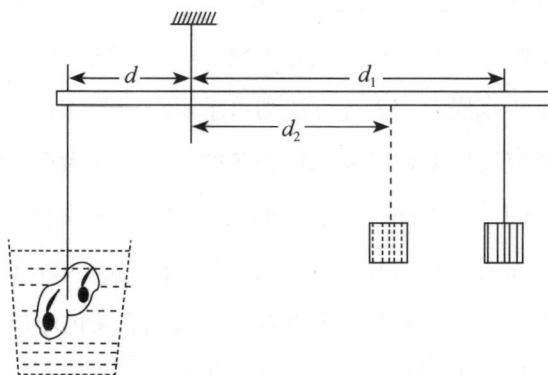

图6-4-2

设待测物的重量为G，重物的重量为G'，待测物浸没在水中受到的浮力为Q（均以重量为单位），根据杠杆平衡条件可以列出待测物在空气中和水中的两个方程：

$$Gd=G'd_1$$

$$(G-Q)d=G'd_2$$

经推导后可得：

$$G/Q=d_1/(d_1-d_2)$$

改变d值进行多次实验，测出相应的d_1、d_2和(d_1-d_2)，分别求出各组的$d_1/(d_1-d_2)$值，再取其平均值，就可以得到待测物体的物质密度。

（三）分析与研究

这个实验综合应用了密度概念、阿基米德原理和杠杆平衡原理，体现了间接测量的物理思想。对中学生，可以启发他们自己设计实验方案，并进行理论的推导。为了减小实验误差，尺可以选长一些的，平衡重物的重量应取小一些的，待测物应取大一些的。

完成这个实验后，还可以向学生提出问题：如果待测物的密度小于水的密度，该怎样实验？

四、研究大气压强随高度变化的关系

用气体压强计（也是气体温度计）来进行实验。由于容器内封闭的气体体积比较大，当大气压变化而温度不变时，水柱高度发生变化，可以认为容器内的气体体积不变，则可以用水柱高度的变化来表示大气压的变化。大气压减小1毫米汞柱，水柱高度增加约10毫米。但实验中很难保持温度不变，气体体积越大，温度变化的影响也就越大，用它来进行定量研究也是有困难的。

五、用牙膏皮研究船的浮沉及其稳定性

（一）课题

一个设计师设计了一种轮船，当这种船在底舱中装满货物出发后，船行十分顺利，但当它在中途港口卸掉货物后，继续航行时船却翻了。这是为什么？请用牙膏皮管进行模拟实验，找出翻船的原因。

（二）实验方法

为使学生能用实验的方法探索翻船的原因，首先应使学生认识如何确定浮力中心和浮力的作用线问题。设想在水中取一块与浮体浸没部分形状完全相同的液体（水），显然它是平衡的，其受到的浮力必通过这部分液体的重心，又因为浮体浸没部分与所取液体的边界形状完全相同，所以浮体所受的浮力与这部分液体所受的浮力也是相同的，故浮体所受浮力的作用线必通过它所排开的那部分液体的重心（称为浮力中心），找到这部分液体重心的位置，也就确定了浮力的作用线位置。下面就可以用实验来研究浮体的重心和浮力中心的位置的关系及它们变化时对浮体稳定性的影响。

取一个大号的牙膏皮管和较深的容器（量筒或玻璃杯），另备直尺、

沙子等。

　　首先把牙膏皮管从底部开口处撑开，并把它整形成一个较为均匀的圆筒。然后往圆筒里加入适量的沙子，用一块泡沫塑料把沙子堵住，测出圆筒的重心位置 G，使圆筒能漂浮于水面，且有大部分没于水中。从上部侧向推动一下圆筒后，可以看到它仍能稳定地漂浮于水中。记下液面所在的位置和圆筒重心 G 的位置，如图 6-4-3 所示。

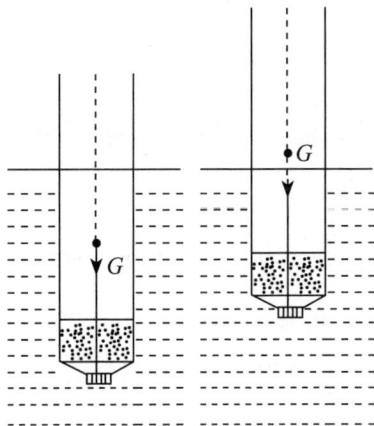

图 6-4-3

　　减少圆筒中的沙子，并把它竖直地放在水中，若圆筒被推倾斜后不再恢复竖直状态，记录后一种情况下液面所在位置和测出圆筒重心位置。然后假定在两种情况下都倾斜很小的角度，在图 6-4-4 中标出重心和浮力中心的位置（可以用硬板纸按浮体在液面下的截面形状进行裁剪，并用悬挂法测出纸板的重心位置，它就是浮力中心的位置），再画出重力和浮力。可以看到，在图 6-4-4（a）中，两力的力偶矩将使浮体恢复到竖直状态；而在图 6-4-4（b）中，两力的力偶矩将使浮体继续翻倒。为保持浮体的稳定性，应使浮力作用线与浮体对称线的交点高于浮体的重心位置，如图 6-4-4 所示。

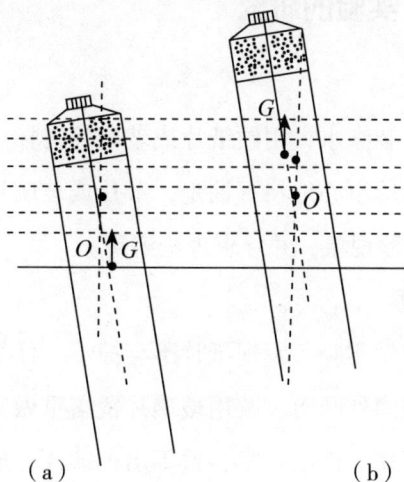

（a）　　　　　　　　　（b）

图6-4-4

（三）分析与研究

这是一种模拟研究的实验，可以给少数能力较强的学生进行训练。为了研究翻倒的原因，必须建立浮力中心的概念，可以布置学生通过课外阅读或答疑认识这个概念。还可以提出一些问题帮助学生思考分析，如在各次实验中，圆筒受几个力，这几个力的大小有什么关系，重心的位置是怎样变化的，浮力中心的位置又是怎样变化的，物体发生转动变化的原因是什么，从转动的因素来看，物体稳定平衡和不稳定平衡的区别在哪里，等等。

此外，还可以让学生做如下实验，以进一步理解翻船的原因。把牙膏皮管中的沙子全部倒出，把它放在水中是站不稳的。如果不在圆筒内装沙子，有什么方法能使它稳定地漂浮于水中？让学生用实验来证实他的想法。

通过这个实验可以使学生领会模拟性实验研究在生产技术应用中的意义。

六、"覆杯"实验的研究

（一）课题

在一只玻璃杯里装满水，用硬纸片或玻璃片将杯口盖严，用手托住纸片将杯子翻过来，然后小心地将手抽走，纸片或玻璃片会不会掉下？做这个实验，仔细观察实验现象，并寻求理论解释。

（二）实验和观察

先用硬纸片覆盖做实验，发现纸片不会掉下。仔细观察，发现纸片发生了形变，杯口部分向外凸出。改用玻璃片覆盖重做实验，只要玻璃片保持水平，就不会掉下来。仔细观察，看不出玻璃片有形变发生，但玻璃片与杯口四周之间拉开一个间隙，被水充满。

从两种实验的结果来看，有一点是相同的，即杯内的空间增大了，这一点就是纸片或玻璃片掉不下来的主要原因。

（三）分析与研究

这是一个很好的探索性研究课题，要求学生通过对实验的观察去寻求答案，特别是实验的结果与他们的预估结果相反，这会激起学生的学习热情。同时，对培养学生尊重实验事实的科学态度和综合运用知识解释实际物理问题的能力是有益的。

第五节　趣味性实验示例

一、吹气断铁丝

（一）课题与方法

找一个橡胶热水袋（也可以用厚实一些的不漏气的塑料袋），配一个橡皮塞子，塞中插入一截玻璃管或其他细管子，玻璃管上再接一根橡皮管或塑料软管，橡皮塞紧紧地塞入热水袋的口中（如用塑料袋可将袋口紧紧地绑在橡皮塞上）。再把一段长约10cm的细钢筋，一端砸扁并磨成小铲状，另一端钉入一块厚实木板（书本大小）的中部，再找一根细铁丝就可以做实验了。

把一只小方凳翻过来，在凳里放入热水袋，在袋上放置小木板，把一段细铁丝拴在对角的两凳腿上，可在凳腿上包一层铁皮，并尽可能地将铁丝绷紧，且使铁丝正好压在自制的小铲子上。然后用嘴吹气，小木板徐徐上升，不需用很大的力气，就能将细铁丝铲断。如图6-5-1所示。

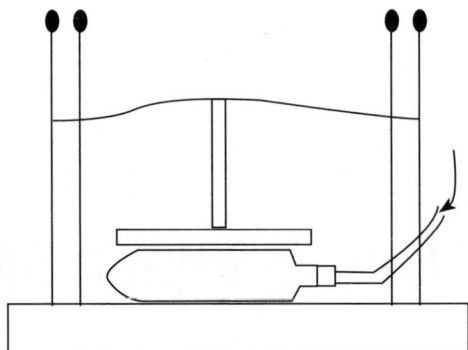

图6-5-1

（二）分析与研究

这个实验还可以变换一下形式进行，将热水袋放在凳面上，在其上放一块小平板，再让一位体重较轻的学生站在上面。往里吹气，这个学生就能被顶起来。若能找到充气枕头来做这个实验，小学生能被顶起很高，效果更好。

在实验的基础上，再联系到汽车上的气刹，学生们对原理就更清楚了。

在学过液体的压强与深度的关系以后，可让学生改用充水来实验，1～2m高的水柱就能将人举起来，实验相当有趣。

二、一纸托千斤

（一）课题与方法

实验装置如图6-5-2所示，一截长约40cm、直径约6cm的竹筒，利用中间的节子竖直放在木板架的孔中。在竹筒的下口平整地蒙上一层纸，并用细绳扎紧，用手托住纸缓缓向筒内装入细沙约一半略多。插入一根直径略细的圆木棍，在木棍上横放一块长木板（板上可钉3～4个三角支撑，使木板平稳地嵌在圆木棍上）。

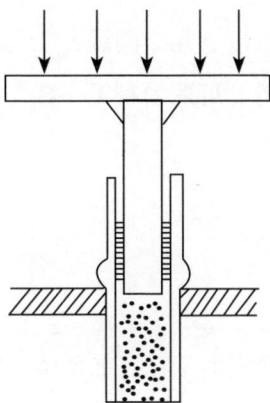

图6-5-2

（二）分析与研究

这是一个很好的游艺实验，用在晚会上表演能获得惊人的效果。木板架必须很结实，不要做得太高，长木板的高度以人能骑坐为宜，板长1.5m左右，这样能坐8～10人，重量几乎千斤。表演时当众蒙纸装沙，表演完将沙倒出，并将圆木棍插至筒内离纸不高处放下，纸当即被捣破，以解除观众对纸的怀疑。

这个实验的原理是这样的：相互接触的两个物体间有力（机械力）的作用而无相对运动趋势的时候，力发生在接触点（或面）处，并垂直于两个物体接触处的公切面。当细沙上面一层受到垂直向下的压力时，由于细沙呈颗粒状，这个压力将沿着与它接触的沙粒的公切面的法线方向作用在其他沙粒上，以致最后在管壁和底面上几乎均匀地受到沙粒的压力。这如同在铁路的枕木下铺设石碴能将火车的压力均匀地分散在整个路基上一样。由于管壁的面积比底面积大得多，因而管壁所受的力将比管底纸所受的力大得多。又由于细沙受压有向下运动的趋势，因而管壁对砂粒有一个向上的摩擦力，正由于这个摩擦力阻碍了细沙的向下运动，支撑了压力的绝大部分，从而减少了纸实际承受的压力。

根据以上分析，需注意以下几个问题：①为增大摩擦力，沙柱应尽量装得长些；管内壁不宜光滑，可适当打毛一些。②砂粒中不宜混有黏土，以免影响到压力的均匀分散。

三、会上滚的圆锥

（一）课题与方法

用木材削制两只同样的圆锥（底面直径15～20cm，高15cm），然后用胶将两底面胶合在一起，使之成为一个双锥体。也可以用硬纸卷两个锥体黏合而成，只是需在锥体内填满锯屑等物，以增加锥体重量，使之容易滚动。

滚架用两本竖立的书籍搭成，使高端比低端约高出5cm，且两竖立书籍之间的距离也不相等，高端为25cm，低端为5cm。梯形板的上侧作为滚道的表面需用砂纸打磨光滑。此外，滚道也可以用两根光滑的圆棍搭在两个不等高的架上做成，如图6-5-3所示。

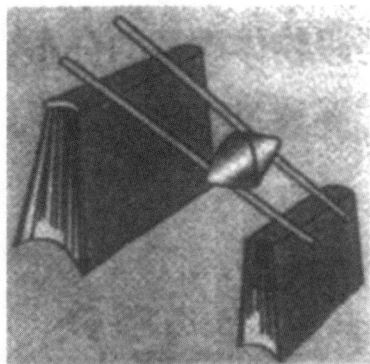

图6-5-3

将双锥体放在滚架的低端，一放手，它就能顺滚道向高端滚去。

（二）分析与研究

双锥体在滚道上自低端向高端滚动，实际上由于滚道逐渐变宽，锥体的重心还是逐渐降低的，整个锥体还是由高向低滚动，只不过是给人以错觉罢了。因此，在滚道处应示出醒目的红色，让人造成一种由低向高滚动的鲜明的印象。

滚架的制作一方面要尽量使两端的高差大些（此高差一定要小于圆锥底面的半径），另一方面又必须使圆锥放置在高端时重心（或锥尖）的位置低于在低端时重心的位置，可通过调整滚道两端的间距来达到。

四、纸锅烧水

找一个不漏水的小纸盒或用牛皮纸糊一个小纸盒，在盒里装些水，放在用铁丝做成的架子上，用酒精灯从底部加热，能将盒内的水烧开而纸盒完好无损。

水是热的不良导体，它靠对流将纸上的热量传走而使全部的水温度逐渐上升，直至沸腾，因此，加热应在"锅"底进行。还有一点必须注意，纸盒必须是不渗水的，否则由于不断有水渗出，水吸收了大量的热而汽化，以致盒内的水温度升不上去，一直不能沸腾。另外，加热不能太快，否则散热不及时，纸盒还是可能被烧着的。

五、带电的人

用细长的竹衣条（或电容器的极间绝缘纸条）制作一个验电羽，验电羽的支柱也用导体材料来做。用一张大塑料唱片配上一个金属圆盘（或铝锅盖）作为起电盘，起电盘的手柄用绝缘很好的有机玻璃或塑料做成，再用几块干净的泡沫塑料做一个绝缘台就可以做实验了。

做实验时，一人（甲）手持验电羽站在绝缘台上，另一人（乙）用丝绸摩擦塑料起电盘后，用感应的方法起电并不断地将电荷移给甲（乙手持绝缘柄把金属圆盘压在带电的塑料唱片上，用手接触一下金属盘后将盘提起，这时盘已带电，然后将盘与甲接触，把电荷传给甲，如此重复多次），就可以看到甲手中的验电羽逐渐张开呈辐射状。表演者甲可将另一只手移近验电羽，验电羽受到手的静电斥力而张开。如果乙接触一下甲的身体，验电羽很快合拢，说明甲已不再带电。如果用感应起电机来做这个实验将更为精彩。表演者用手接触感应起电机的一极，摇动起电机就可使人体带电达到很高的电位，验电羽很快张开。如果表演者事前将头发洗净吹干，而且头发又比较柔软的话，则能看到头发也竖立起来，像验电羽一样。表演者（甲）将手从起电机的电极收回后，用手指向乙手上用细铁丝挑着的一团棉花（棉花上洒有少量乙醚），由于手指和棉花之间有很细的火花跳过而能将棉花点着。

六、有趣的肥皂泡

做这个实验时首先需要练习，以便吹出大的肥皂泡。把一根粗铜丝在瓶子上绕一圈，把两头拧在一起，做成一个圆环。再向肥皂水里溶进一些白糖，这样吹出的肥皂泡更结实些。把圆环放进肥皂水里再小心地拿出来，圆环上就有一层肥皂薄膜。把圆环拿到嘴边，向薄膜中央轻微地缓慢吹气，薄膜逐渐向一边鼓出来，而且越来越大，成为一个口袋形。最后，口袋的口部逐渐与圆环脱离成了一个很大的五彩缤纷的肥皂泡。

将吹肥皂泡的铜丝圆环装一个塑料的绝缘柄，并用导线连接在起电机的一极上，在吹肥皂泡的同时缓慢地摇动起电机，这时吹出来的将是一个带电的肥皂泡。

再用金属网做一个如羽毛球拍差不多大小的网球拍，并装上绝缘手柄，金属网也与起电机的同一极相连。当肥皂泡吹成后，立即用网球拍从下面靠近肥皂泡，由于它们带同种电荷，肥皂泡受球拍的电斥力而飘浮在空气中。移动球拍或改变球拍的角度，可以驱使肥皂泡在空中来回运动，相当有趣。

如果将网球拍改接到起电机的另一极，并将球拍竖放在肥皂泡下落途中的一侧，则可看到肥皂泡下落时沿曲线路径飞向球拍，且运动速度越来越快（肥皂泡在空气中下落几乎是匀速的）。

七、神奇的笔

（一）课题与方法

将碘化钾（药房有售）和淀粉混合在一起，用水调和成米汤样，再把一张白纸放在这种混合液中浸湿后，平铺在一块金属板（如铁皮）上。用导线将金属板与电池的负极相连，再用一根长导线将一支"笔"（实际上是一根铝筷子或一截粗铜丝）连接在电池的正极上。"笔"端应打磨光滑，以便在纸上书写。当我们用手握"笔"在渐湿的纸上写字的时候，纸上便能显现出鲜明的蓝色字迹，如同用蓝墨水写的一样（若不接电池或电池接反，纸上都不会出现字迹）。

如果碘化钾溶液中没有淀粉，则显现出来的字迹为棕褐色。

如将电池改换成低压交流电，则画出来的是断断续续的虚线。（利用这一点，可以判断出直流电和交流电）

（二）分析与研究

这个实验是用来说明电流的化学效应的，碘化钾在水溶液里发生了电离，当接上电源以后，碘离子趋向电源正极，并在那里中和形成碘，碘再与淀粉作用而显现出蓝色。因此，当溶液中没有淀粉时，只能显现出碘自身的棕褐色。

在实验时，可在一块金属板上贴两张白纸，其中一张有淀粉而另一张没有。先不通电，实验者用"笔"分别在两张纸上书写，都显不出字来；通电后再写，一张显蓝字而另一张显棕褐色字。改用交流电（这一过程要很快，让人不易觉察，可用双刀双掷开关）后又能显现出虚线字体。

八、鸡蛋开砖

找两块包装仪器用的泡沫塑料板，在其四个角处略挖一点凹陷，以便夹放四只鸡蛋（也可以用木板而在鸡蛋处垫手帕的办法）。

在塑料板上放置一块木板，在木板上再叠放三块砖头，如图6-5-4所示。

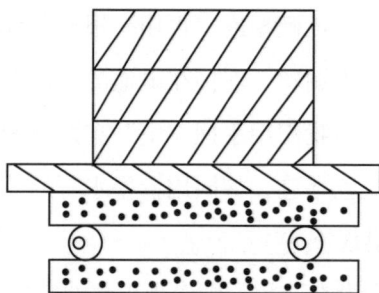

图6-5-4

用一个铁锤头对准砖头的中部用力很快地敲去，砖头被砸得粉碎，而下面的鸡蛋却完好无损。

（一）分析与研究

这个实验现象是很精彩的，但学生很不容易理解其中的道理，如果能引导学生正确地解释这个现象，那将对重力、压力等有更深的理解。应当从两部分来加以分析：

第一，分析榔头敲击砖块的情况。由于榔头在敲击前的速度v_1很大，又十分迅速地变为静止状态，根据动量定理，榔头m受到的冲力是很大的，$F=m\Delta v_1/\Delta t$，忽略榔头自身的重量，这个冲力即等于敲击砖块的力F，它足以使上层的砖块破裂。如暂不考虑支承力和重力对砖块的作用，碰撞后砖块M获得的动量增量应为$M\Delta v_2=m\Delta v_1$。

第二，分析砖块与鸡蛋之间的相互作用。在上述的分析中没有考虑鸡蛋对砖块支承力N产生的影响，实际上正是这个作用使砖块恢复到静止状态。如不考虑重力的影响，支承力$N=M\Delta v_2/\Delta t'=m\Delta v_1/\Delta t'$，即$N=\Delta t/\Delta t'$。由此可见，要使鸡蛋受到的压力小，必须延长砖块与鸡蛋之间的作用时间$\Delta t'$，使鸡蛋和砖块之间为软性接触就是可以延长作用时间$\Delta t''$；在软接触的前提下，增大砖块的质量M也是为了这个目的。

（二）思考题

第一，为什么在上述实验中要加大砖块的质量？

第二，如果单纯加大砖块的质量（即在刚性接触的情况下）实验能不能成功？

九、幻杯

取一个高型的罐头筒，在侧壁下端近底处开一个直径为15～20毫米的孔，再找一根细玻璃管，在酒精灯上弯成如图6-5-5所示的形状，一端插入橡皮塞，然后如图紧紧地装入罐头筒的小孔中。

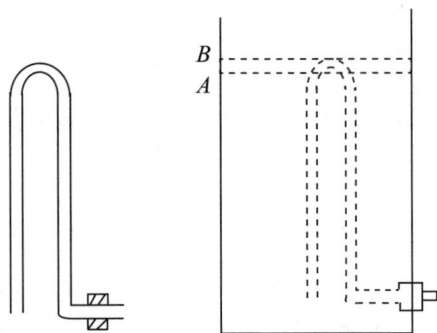

图6-5-5

　　向筒内注水，在水面到达A处前，小孔中都不会有水流出来，若再加少量水，使水漫过管顶，则小孔中将有水源源不断地流出，一直到水面降低到与出水口平齐为止。

　　这是一个虹吸现象的实验。由于设计得巧妙，可用于游艺表演。表演前先在杯内装水至A处，表演时当众向"杯"内倒入很少的一点水，而淌出来的却是一大杯水，宛如一只神奇的杯子，相当有趣。

第七章

初中物理课外实验之家庭实验与示例

第一节　初中物理家庭小实验实践

　　随着新课改的施行，新课程对于中学物理教学也提出了新的要求，教师在进行物理知识教学的同时要培养学生的科学素养，提倡合作探究的学习模式，培养学生学习物理的主观能动性和创新意识。现行初中物理教材中添加了一些课后实验，要求学生在课后根据自己对于知识的理解自行设计实验，利用家中的日常生活用品进行简易、便于操作的物理小实验，对学生的思维能力、创造能力和动手操作能力的培养和提高大有裨益。

一、兴趣使然的精心设计

　　爱因斯坦曾说过"兴趣是最好的老师"，因此，要想使学生高效地学习某一学科，应当首先培养学生对学科的兴趣，学生在最初接触初中物理时会比较茫然，面对完全陌生的学科显得手足无措。因此，教师在布置家庭实验前可以先带领学生进行几个比较具有观赏性和便于操作的物理小实验。比如"倒杯不洒"这个小实验，也就是"覆杯实验"，将一个杯子装满水然后盖上一张纸片，压严使杯口边缘与纸片间没有缝隙，将杯子倒转后水并没有洒出。大多数学生都会对此现象感到惊奇并在回家后亲自进行实验以验证其真实性，通过实验学生对大气压有了初步的了解，了解到水的表面具有张力，能够将杯子内外的环境进行隔绝密封，杯内没有空气就会与外界环境产生一个气压差，这个气压差能够将杯内的水托住，若杯内存在空气的话，那么杯内外的气压是持平的，没有了气压差，杯内的水会因重力作用而洒出。通过这种贴近现实生活的实验，学生能够意识到物理知识与我们的实际生活有着紧密的联系，也明白了物理知识的实用性，在物理学习上会更加倾注精力和热情。

二、科学合理的实验准备

家庭物理小实验的很多实验器材都可以从日常生活中的物品中寻找到，但是需要学生在平时多加留意和留心，将能够使用到的物品收集起来，可以专门准备一个箱子把物品都整理在一起。在最开始的时候学生无法了解哪些物品是在实验中能够应用到的。对此教师可以在初期指导学生拟定一张物品清单，让学生进行物品收集，在收集的同时引导学生进行相关思考。比如哪些物品可以用来实验，可以进行什么实验，是否能够找到其他更好的东西替代等。与此同时，学生在对这些物品收集时，教师应当告诉学生遵循二次利用的原则，进行旧物改造再利用，比如用过的医用注射器可以用来验证空气的可压缩性，家中老人的旧的老花镜可以当作凸透镜，进行光的折射实验。

家庭物理小实验是初中物理教学的辅助和补充，应当具有科学合理的特性，教师在最初设计物理小实验的计划时应当先对教材有一个全面的了解，根据教材中的具体内容对实验进行可行性的设计，让家庭小实验和课堂演示实验共同服务于课堂教学的教学目标，使知识间的衔接更加紧密，避免实验目的虚大于实的现象，让学生在实验中对物理有着更深层次的认识和理解。教师可以让学生先自己对实验的整体内容进行设计，培养学生的自主能力和思维创新意识，之后从实验目的、实验原理、操作步骤、实验器材、注意事项等几个方面进行针对性指导，让学生对实验设计进行修改和完善，最后从中评选出优秀方案进行推广。

三、切合生活实际的实验选题

家庭物理小实验包罗万象，教师在进行选题时要结合所学教材的具体内容进行筛选，也要与我们的日常生活相联系，使其贴近现实生活，更便于学生理解和操作。选题也要注重实验的可行性和难易程度，避免学生在拿到题目后无从下手，不仅不能对学生的物理学习提供帮助，反而会给学生造成心理压力，对物理产生惧怕心理。因此，教师在进行选题时可从以下几个方面来考虑：其一是将教材中的演示实验进行改进和提炼，作为学生的家庭物理小实验；其二是新教材中增加的课后小实验，这些实验的目的就是为教材的教学内容服务；其三是将生活中和工作中与物理相关或者涉及物理知识的现象或内容改编为物理小实验，在进行此种选题方式时要注意的是我们的生活和工作所涉及的面较为广阔，选择题材时要考虑到题材中所包含的物理知识是否在初中生的物理学习范围之内，避免出现超出课标的内容给学生造成不必要的压力。除了这三种选题方法，教师可以直接将物理习题中所出现的可行的小实验作为家庭小实验的题目，让学生在课后进行实验验证，这是以实践的方式帮助学生更好地理解习题的解题思路。

四、引导性指导和鼓励性评价

做家庭物理小实验的根本目的就是协助教师进行教材内容的教学和帮助学生更直观地进行物理学习，教师将家庭小实验作为课后作业布置给学生，因此，学生完成实验后在课堂上进行实验结果汇报时，教师要根据学生描述的具体情况做出针对性的指导，但是最好以引导性的指导为主，不直接将正确的实验步骤告知学生，而是进行循循善诱的引导。例如，学生在进行"覆杯实验"时用的是废旧报纸，导致实验失败，水从杯中洒出，实验失败的原因是报纸密度较低且吸水性较强，当水渗过报纸后空气进入杯内使内外气压一致，水在重力作用下便倾泻而出。教师可以问学生报纸与复印纸或卡纸有什么区别，在密度、厚度上哪个更具有优势，让学生进行思考并在课后进行对照实验，最终顺利完成实验。

在学生进行实验成果汇报时，对于实验设计精良和结果误差小的学生要给予激励和表扬，对于实验失败的学生也不能进行批评打击，要引领学生对实验失败的原因进行分析，并指导学生对实验进行改进，可以直接在课堂上进行改进实验，当场验证实验的改进成果。这样不仅可以安抚学生对实验失败的失落情绪，还可以帮助学生重新树立学习物理的信心。

家庭物理小实验是近几年才被提出的理念，利用课后的家庭小实验帮助学生更好地进行初中物理学习，培养学生的发散性思维和创新意识，关于家庭小实验，教师要设计出能够充分激发学生兴趣并且贴合现实生活的实验，做好实验准备，对学生进行鼓励性的评价，树立学生学习物理的信心，进而提高物理教学质量。

第二节　鸡蛋浮沉，由谁主宰

　　培才物理科组在陈劲名师工作室陈劲老师的带领下，除了认真上好每天的网课，同时根据网课所学内容引导学生在居家便利的情况下，充分利用家里生活用品进行物理科学的探究。初二学生在浮力的学习过程中，发现了小小的鸡蛋原来除了可以煎、炸、煮、蒸、炒，居然还可以在浮力实验中一展拳脚。下面我们就一起来看看学生们是怎样在家中翻转鸡蛋的。

　　下表7-2-1所示即初二学生利用所学浮力知识来探究鸡蛋的相关问题。

表7-2-1　鸡蛋行动计划之利用浮力相关知识探究鸡蛋相关问题

编　号	实验名称	上交材料
1	如何改变鸡蛋在水中的状态？	图片或视频，实验报告
2	大鸡蛋和小鸡蛋在同一液体中状态如何？	图片或视频，实验报告
3	生鸡蛋和熟鸡蛋在同一液体中状态如何？	图片或视频，实验报告
4	新鲜鸡蛋和不新鲜鸡蛋在清水中状态又如何？	图片或视频，实验报告
5	鸡蛋漂浮后，继续加盐，鸡蛋露出水面体积会不会继续增加呢？	图片或视频，实验报告

一、如何改变鸡蛋在水中的状态

图7-2-1

图7-2-2

图7-2-3

图7-2-4

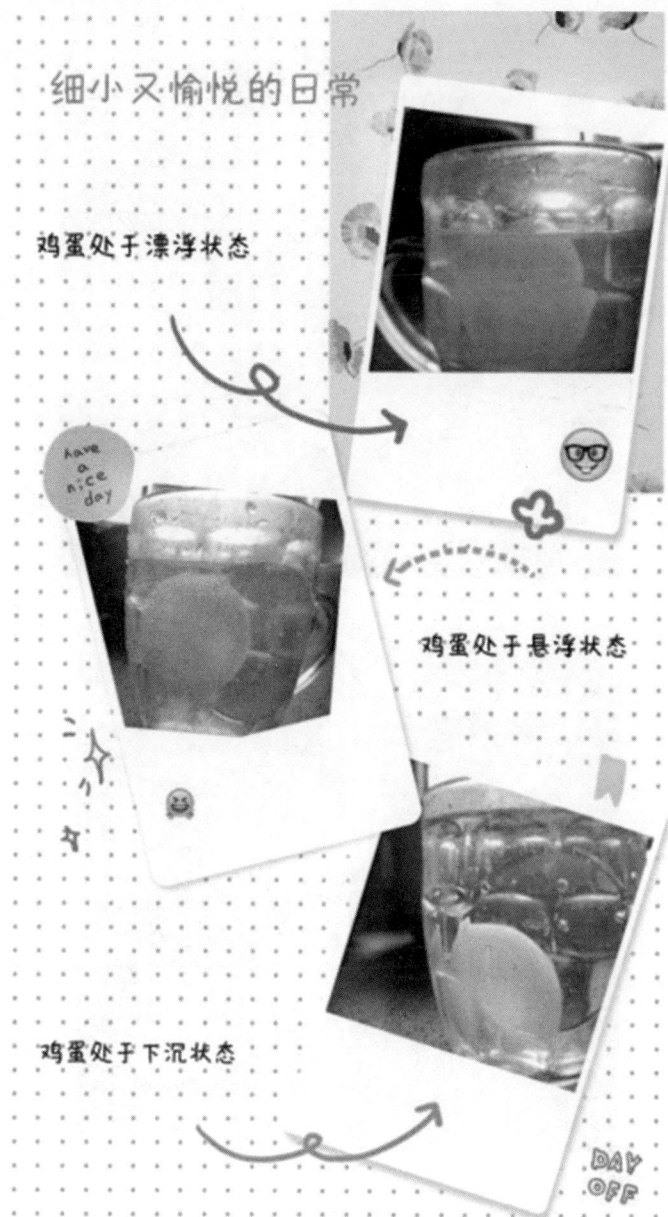

细小又愉悦的日常

鸡蛋处于漂浮状态

have a nice day

鸡蛋处于悬浮状态

鸡蛋处于下沉状态

DAY OFF

（a）

加适量盐，悬浮

清水沉底

继续加盐，漂浮

1.清水中，沉底

3.加入足量清水，悬浮

2.加足量盐，漂浮

（b）

图7-2-5

通过浮力的学习，学生们很容易想到通过改变液体的密度来改变鸡蛋的状态。要使鸡蛋放入清水中下沉，只要加入足量的盐使得盐水的密度大于鸡蛋的密度就可以让鸡蛋漂浮起来。关键是让鸡蛋悬浮起来，则盐的量必须适量即可，这就比较考验耐心。在实际操作中到底是让沉底的鸡蛋通过加入适量的盐悬浮容易还是在漂浮的鸡蛋中加入适量的水使鸡蛋悬浮更容易呢？学生们不妨动手试试看！

二、大鸡蛋和小鸡蛋在同一液体中状态如何

有学生在做沉浮鸡蛋时，发现把大小不同的鸡蛋放入盐水中，状态不一样，由此猜想是不是鸡蛋的密度跟大小也有一定的关系呢？于是有了下面的实验。

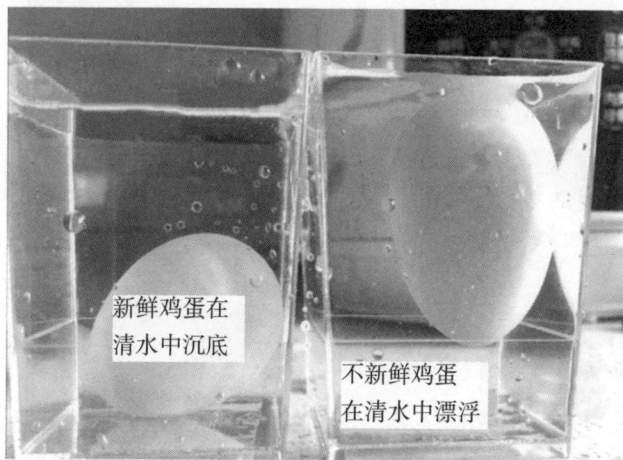

新鲜鸡蛋在
清水中沉底

不新鲜鸡蛋
在清水中漂浮

图7-2-6

在上面的实验中，我们发现在同一杯盐水中，小鸡蛋漂浮，大鸡蛋沉底。说明了该大鸡蛋的密度是大于该小鸡蛋的密度的。但是不是所有大鸡蛋的密度都大于小鸡蛋的密度呢？这需要学生们进行多次实验才能

得到普遍规律，而且在做实验的时候还要考虑鸡蛋的新鲜程度是否一样哦。

三、生鸡蛋和熟鸡蛋在同一液体中状态如何

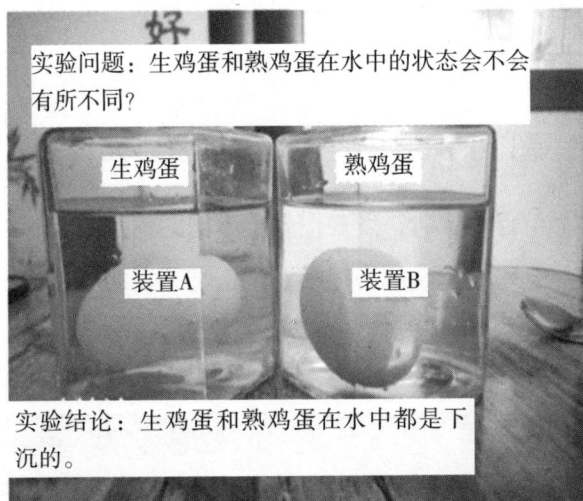

实验问题：生鸡蛋和熟鸡蛋在水中的状态会不会有所不同？

生鸡蛋　　　　　熟鸡蛋

装置A　　　　　装置B

实验结论：生鸡蛋和熟鸡蛋在水中都是下沉的。

煮熟前　　　　　煮熟后

（a）

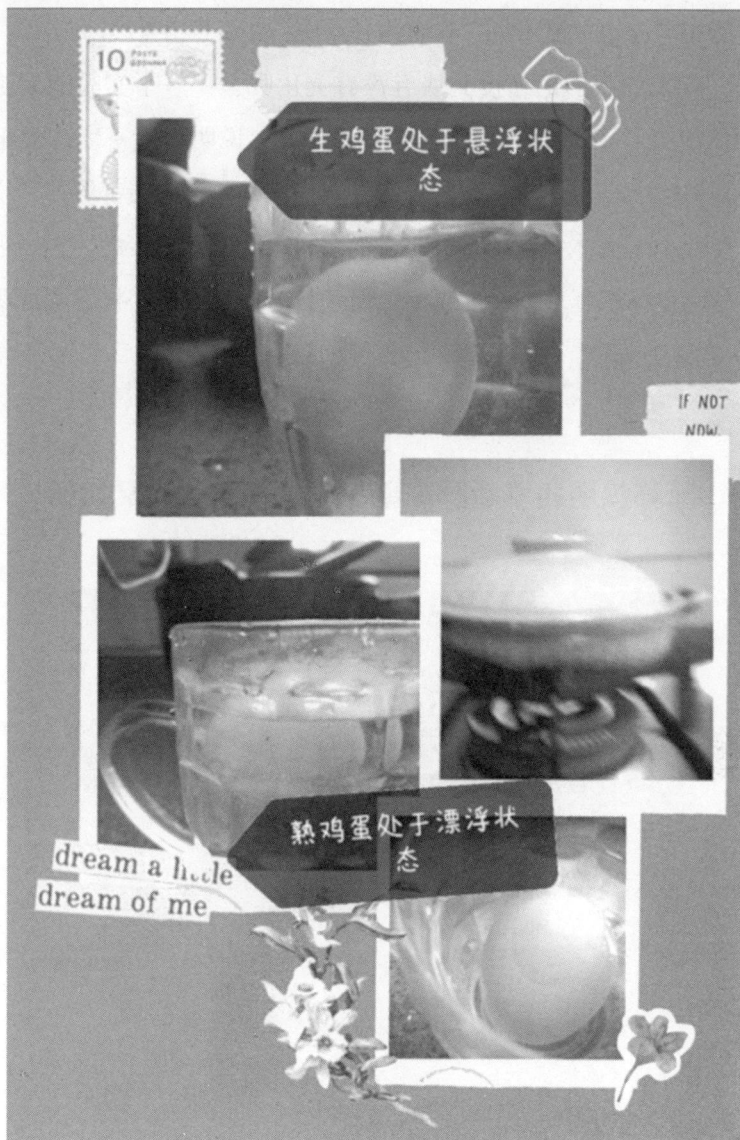

生鸡蛋处于悬浮状态

熟鸡蛋处于漂浮状态

dream a little
dream of me

（b）

图7-2-7

通过不同学生实验的汇总，我们发现鸡蛋煮熟前后放入同一杯盐水中状态可能相同，也可能不同。这是为什么呢？由此学生们又引出了一个新的问题：鸡蛋煮熟后的密度到底有没有变化呢？哪一个实验能证明呢？利用物体的沉浮条件我们发现，鸡蛋都下沉，说明鸡蛋密度都大于液体的密度，但不能得出生熟鸡蛋密度有没有变化；生熟鸡蛋都漂浮，说明鸡蛋的密度都小于液体的密度，再通过观察露出液面的鸡蛋的体积，可知露出液面的鸡蛋体积越多则密度越小，而煮熟前后状态不一样，则证明鸡蛋密度一定发生改变。通过实验，我们知道了鸡蛋煮熟后密度是会变小的哦。

四、新鲜鸡蛋和不新鲜鸡蛋在清水中的状态又如何

新鲜鸡蛋在清水中沉底

不新鲜鸡蛋在清水中漂浮

图7-2-8

总结：新鲜鸡蛋在清水中下沉，说明其密度大于清水的密度；不新鲜鸡蛋在清水中漂浮，说明其密度小于清水的密度。可见，鸡蛋放久后，密度是会变小的。原来在鸡蛋的大头一端，有一个气室，一般鸡蛋

放得越久，气室会越大，鸡蛋内的空气也就越多，平均密度变小，当小于水的密度时，就会在水中漂浮。因此，可以根据这个规律来判断鸡蛋的新鲜程度哦。

五、鸡蛋漂浮后，继续加盐，鸡蛋露出水面的体积会不会继续增加

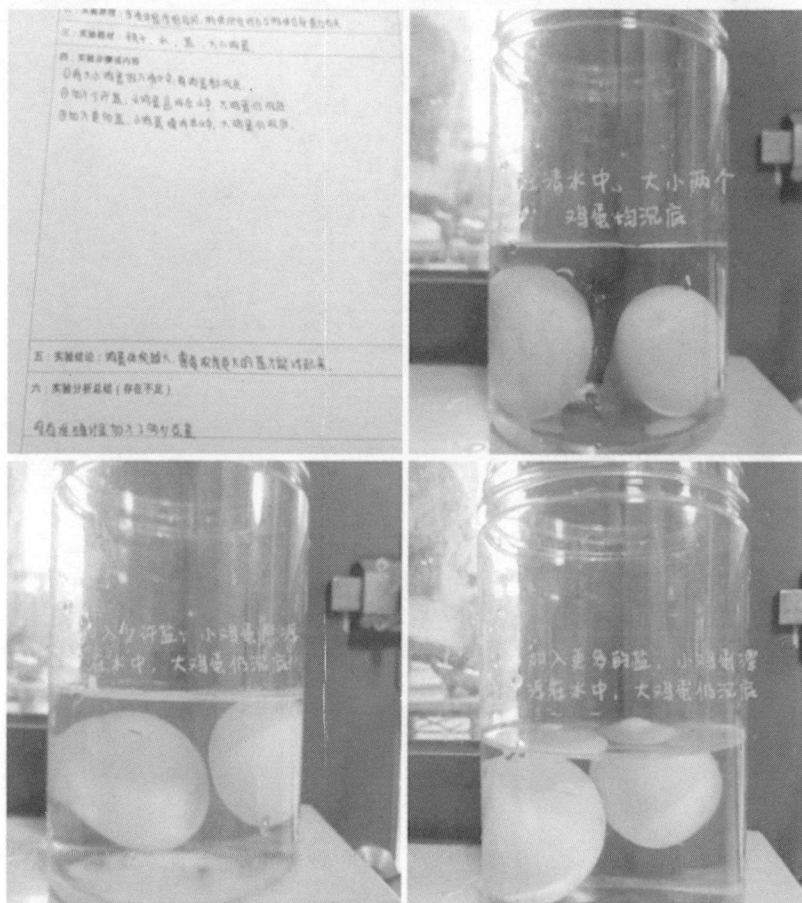

（a）

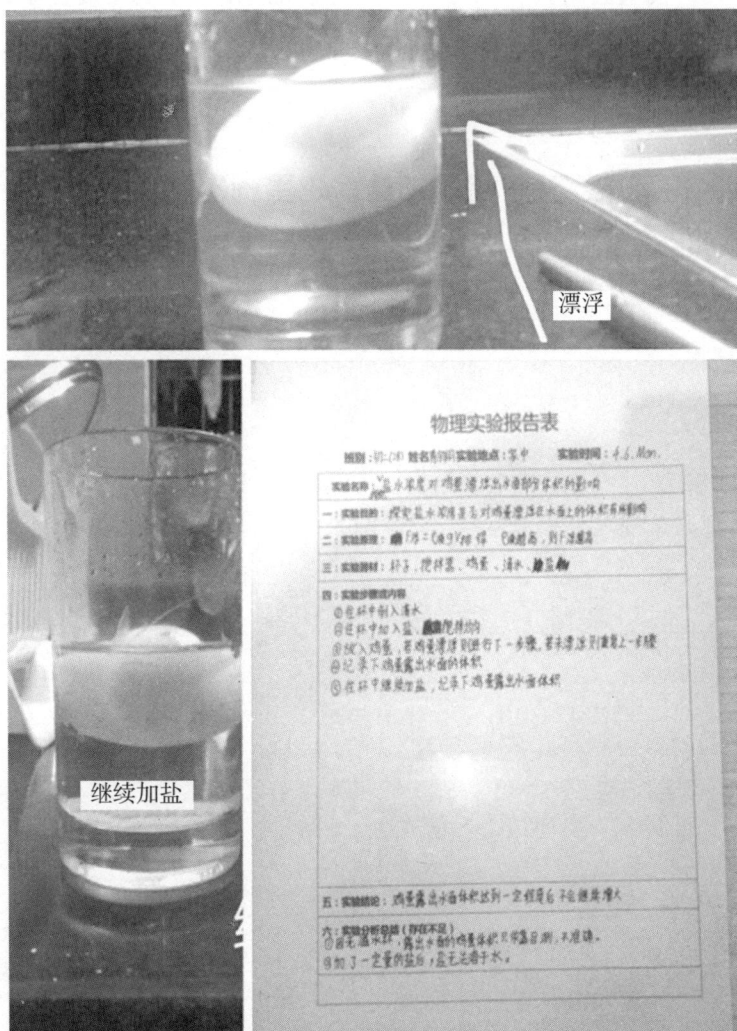

（b）

图7-2-9

总结：鸡蛋漂浮后，继续加盐，我们观察到刚开始露出体积是增加的，但增加到一定程度后不再发生变化。为什么呢？我们不妨细细分析一下，鸡蛋漂浮，说明浮力等于鸡蛋的重力。根据阿基米德原理可知，浮力不变，液体密度越大则排开液体体积越小，鸡蛋露出液面的体积越大。把盐加入水中，盐水密度增大，则露出体积也增大。但我们观察到后来露出体积不再变化，反过来说明盐水的密度不再因为继续加盐而发生变化，即盐水已经达到饱和状态。附《"鸡蛋行动计划"物理实验报告表》：

附：

"鸡蛋行动计划"物理实验报告表

班别：初二（27）班　　　　　　　　姓名：梁永杰

实验地点：家里　　　　　　　　实验时间：2020年4月5日

实验名称：观察鸡蛋在不同密度的盐水中的不同状态及与鸡蛋大小的关系
一、实验目的 1.探究鸡蛋在盐水中的浮沉状态与盐水密度的关系，通过调配盐水的密度使鸡蛋在不同密度的盐水中实现沉底、漂浮、悬浮3种不同的状态。 2.探究鸡蛋在水中的浮沉状态与鸡蛋的大小的关系。
二、实验原理 1.$F_浮 > G$（$\rho_液 > \rho_物$），物体上浮。 2.$F_浮 < G$（$\rho_液 < \rho_物$），物体下沉。 3.$F_浮 = G$（$\rho_液 > \rho_物$），物体漂浮。 4.$F_浮 = G$（$\rho_液 = \rho_物$），物体悬浮。 5.阿基米德原理：$F_浮 = \rho_液 g V_排$。
三、实验器材 两个鸡蛋（大小不同）、1个空杯、适量清水、1包盐、1根筷子（搅拌） 质疑：鸡蛋在水中的浮沉状态与鸡蛋的大小有关吗？
四、实验步骤或内容 1.将鸡蛋清洗干净后用洁净的毛巾擦干，避免其他因素对实验的干扰。 2.将小杯倒入适量的水。(水深必须能使鸡蛋浸没，$\rho_水 < \rho_蛋$) 3.手洗干净后，将鸡蛋缓缓浸入水中。两个鸡蛋均处于沉底状态。 4.用小勺往水中加3勺盐，用筷子将盐和水搅拌均匀。此时，等待鸡蛋静止后，大鸡蛋沉底，小鸡蛋漂浮。

续 表

5.再往盐水中加两勺盐，搅拌均匀，两个鸡蛋均处于漂浮状态。

（此时由于筷子的搅拌力度过大，大鸡蛋表面出现了裂缝，对实验准确性产生了一定程度的影响。）

6.往盐水中再加入适量的清水，搅拌均匀，此时两个鸡蛋都处于悬浮状态，大鸡蛋的密度和小鸡蛋的密度均与盐水的密度相同。

五、质疑

1.是大鸡蛋受到的浮力大还是小鸡蛋受到的浮力大呢？

分析：

由上面实验可知当最后大鸡蛋和小鸡蛋都处于悬浮状态时，$\rho_{大蛋}＝\rho_{小蛋}＝\rho_{盐水}$。

（1）当小鸡蛋漂浮，大鸡蛋沉底时，小鸡蛋排开盐水的体积小于大鸡蛋排开盐水的体积，盐水密度相同。根据阿基米德原理，大鸡蛋受到的浮力大于小鸡蛋受到的浮力。

（2）当大鸡蛋和小鸡蛋处于漂浮状态时，两个鸡蛋所受的浮力均等于自身重力。由于大鸡蛋的体积大于小鸡蛋的体积，$\rho_{大蛋}＝\rho_{小蛋}$，大鸡蛋所受重力大于小鸡蛋所受重力，所以大鸡蛋所受浮力大于小鸡蛋所受浮力。

（3）当大鸡蛋和小鸡蛋均处于悬浮状态时，由（2）可知，大鸡蛋所受浮力大于小鸡蛋所受浮力。

2.大鸡蛋表面出现了裂缝后，密度会发生变化吗？根据实验分析：

（1）原密度：由实验步骤4可知，此时大鸡蛋下沉即大鸡蛋的密度大于盐水的密度，小鸡蛋漂浮即小鸡蛋的密度小于盐水的密度。此时盐水的密度一定，由此可知大鸡蛋原来的密度大于小鸡蛋原来的密度。

（2）产生裂缝后的密度：由实验步骤6可知，此时大鸡蛋和小鸡蛋均悬浮在水面下的不同位置处，大鸡蛋的密度等于此时盐水的密度，小鸡蛋的密度等于此时盐水的密度。盐水的密度一定，由此可知，此时大鸡蛋的密度等于小鸡蛋的密度。

综上所述，大鸡蛋在产生裂缝后密度变小。

六、实验结论

（1）影响鸡蛋浮沉的因素：浮力与自身重力的大小关系、鸡蛋的密度与液体密度的关系。

（2）鸡蛋的浮沉状态与鸡蛋自身的大小无关，与鸡蛋的密度有关。

七、实验分析总结（存在不足）

1.实验次数过少，具有偶然性。

2.实验时用筷子搅拌盐水时用力过大，导致大鸡蛋出现裂缝，影响实验结果。

3.搅拌盐水时盐和水的混合程度不够，杯壁上有少量盐残留。

续 表

实验图片：

物理实验报告表

班别：初二（27）班　　　　　　　姓名：邓梓漩

实验地点：厨房　　　　　　　　　实验时间：2020年4月5日

实验名称：鸡蛋沉浮

一、实验目的

1.通过实验想办法让鸡蛋实现在水中漂浮、悬浮和下沉。

2.探究大小不同的鸡蛋在同种液体中的状态。

二、实验原理

浸没在液体中的物体，如果它的密度小于液体的密度，物体上浮；如果它的密度等于液体的密度，物体悬浮；如果它的密度大于液体的密度，物体下沉。

三、实验器材

一个塑料碗，食盐，大小不同的鸡蛋各一个，小勺子

四、实验步骤或内容

1.取出塑料碗，倒入适量清水。

2.将两个鸡蛋放入清水中，鸡蛋很快沉入水底。

3.取出一个鸡蛋，往清水中加入适量食盐，用小勺子在水中快速搅拌，使食盐充分溶解在水里，此时鸡蛋缓慢浮起，悬浮在水中。

4.放入另一个鸡蛋，再往清水中添加食盐，两个鸡蛋一起漂浮在水面上。

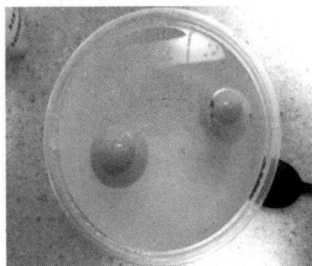

续 表

五、实验结论
1.清水的密度小于鸡蛋的密度，在清水中鸡蛋会沉入水底；浓盐水的密度大于鸡蛋的密度，在浓盐水中鸡蛋会上浮。
2.大小不同的鸡蛋在同种液体中的状态相同。

六、实验分析总结（存在不足）
1.鸡蛋数量较少。
2.实验次数较少。

物理实验报告表

班别：初二（27）班　　　　　　　姓名：彭漳东

实验地点：家中　　　　　　　　实验时间：2020年4月5日

实验名称：鸡蛋漂浮
一、实验目的 鸡蛋在不同密度的水中浮力的大小。
二、实验原理 阿基米德原理。
三、实验器材 一个透明杯，食盐，鸡蛋，勺子，筷子。
四、实验步骤或内容 1.拿出玻璃杯，在里面倒入一半的水。 2.把鸡蛋放入清水中，发现鸡蛋沉入玻璃杯底部。 3.取出鸡蛋，往水里加入几勺盐，用筷子在杯中轻轻地搅拌，使盐溶入水中。 4.把鸡蛋放入搅拌好的盐水中，发现鸡蛋浮了起来。 5.在鸡蛋漂浮了以后，继续往里面加盐，发现鸡蛋不会继续上升。
五、实验结论 由阿基米德原理可知，当浮力小于物体重力时，物体会下沉；当浮力大于物体重力时，物体会上浮。
六、实验分析总结（存在不足） 没能控制好盐的量，从而导致鸡蛋的沉浮状态很难调控。

爱因斯坦曾说：提出一个问题往往比解决一个问题更重要。学生们在进行鸡蛋实验的过程中，能够发现问题引发思考并能利用实验加以探究，这充分体现了物理人的科学探究精神。培养具有科学探究精神和能力的学生也正是我们物理老师的目标。科学领航，实验探索新知，科学武装大脑，我们正在行动中！

第三节　做功快慢大PK

　　培才物理科组在陈劲名师工作室陈劲老师的带领下，为了让学生在每天的网课学习中多一些学习物理的兴趣，充分利用物理学科以实验为主的特点，在网课学习之余鼓励学生多动手，多思考，多实验。在学习功率的内容中，初二学子就进行了两项活动。第一项活动：在学生刚开始学习功率这个概念的时候，让学生试着测量自己的功率。在学生对功率有深入理解之后，个别班级又进行了第二项活动：小组内组员功率大PK，看看谁的功率大？然后再以小组为单位进行实验报告大比拼，看看哪个小组的实验报告写得最棒，如表7-3-1所示。

表7-3-1

编　号	实验名称	上交材料
个人实验1	测量爬五层楼梯的功率	实验报告或图片
个人实验2	测量1min跳绳功率	实验报告或图片
小组实验1	测量爬楼功率（楼层不限）	图片和实验报告
小组实验2	测量跳绳功率（时间不限）	图片和实验报告

下面让我们来欣赏一下学生的作品吧！

个人实验1：测量爬五层楼梯的功率

物理实验报告表

班别：初二（28）班　　小组名称：奶利组

实验地点：家中楼梯

实验时间：2020年4月11日

组员：李耐，庞皓朗，袁子善，黄瑶，吴精文，钟永恒，庞淑月

实验名称：探究一个中学生爬楼的功率
一、实验目的 1.通过实验加深对功率的理解。 2.探究中学生爬楼的功率。
二、实验原理 $P=W/t=mgh/t$
三、实验器材 电子秤，卷尺，秒表
四、实验步骤或内容 步骤1：用电子秤称出自己的体重。 步骤2：拿着秒表爬楼梯，走到x楼时按下秒表，使秒表停止计时，记录时间。 步骤3：用卷尺量出爬楼梯的高度。 步骤4：根据$P=W/t=mgh/t$计算出功率。

组员	质量 m（kg）	爬楼 时间t（s）	爬楼 高度h（m）	爬楼 做功（J）	爬楼功率 （W）
李耐	50	20	15	7500	375
庞皓朗	60	25	15	9000	360
袁子善	60	18	9	5400	300
黄瑶	40	16	12	4800	300
吴精文	55	21	15	8250	393
钟永恒	57	12	12	6840	570
庞淑月	40	12	6	2400	200

续 表

五、实验结论
1.时间相同，做功越多，功率越大。
2.做功相同，时间越少，功率越大。

六、总结反思和感想
通过这次实验，我们知道了很多。例如：功率与我们的生活息息相关；称体重时，由于穿着衣服，所以m变大，导致P变大，产生实验误差，但也告诉了我们，增大功率可以通过增大质量来实现；按秒表时，由于神经系统较为缓慢，所以按秒表时间延迟了1s，导致P变小，产生实验误差；在小组探讨的时候，大家经过讨论和总结，也收获了许多……总之，物理是一门深邃的课，需要我们不断探索！

物理实验报告表

班别：初二（29）班　　　　　　　小组名称：非流组

实验地点：家　　　　　　　　　　实验时间：2020年4月11日

实验名称：探究爬楼梯的功率
一、实验目的 比较不同组员爬楼梯的功率。
二、实验原理 $P=W/t$　$W=Gh$　$G=mg$（g取10N/kg）
三、实验器材 电子秤，秒表，刻度尺
四、实验步骤或内容 步骤一：上秤测体重，计算重力。 步骤二：开始爬楼梯，并测出高度和时间。 步骤三：用$W=Gh$计算出功率。 步骤四：用$P=W/t$计算出上楼的功率。

续 表

序号	1	2	3	4
质量m（kg）	47	48	44	50
重力G（N）	470	480	440	500
高度h（m）	6	8	5	10
时间t（s）	6	8	5	9
功率（J）	2820	3840	2200	5000
功率P（W）	470	480	440	555

五、实验反思

这次实验没有控制变量，导致不能很好地得出结论，故下次实验时应向组员准确地表达实验要求。

六、总结感想

这次实验很有意思，能让我了解多一点关于物理功率的知识技能，提升自己的动手实践能力，而且还十分考验团队意识，也让我关于物理功率的问题多了一点深层理解。

整理者：小组成员：莫仕明　潘诗颖　庞锦锐　徐英童　陈秋香

　　无论何时，教与学不止步！以活动形式促进网课教学，让学生在学习中找到乐趣是我们物理老师的追求。通过小组实验活动，让学生感受到我们不是一个人在默默居家学习，我们是一个team在追求进步。实验探索新知，科学武装大脑，团队齐步前行，我们正在行动中！

第四节　饺子的沉浮

　　陈劲名师工作室立足于物理核心素养的培养要求，组织物理科组老师制订物理家庭实验计划，让学生宅在家中完成一些有意义的物理家庭小实验。这既能培养学生提出问题—设计实验方案—收集实验数据—分析结论的科学探究能力，也能在实验中培养学生的质疑和创新精神。与此同时，也让学生体会"生活—物理—生活"认知规律。下面我们通过"饺子的沉浮"物理实验来看学生们的课外实验情况。

　　附：

物理家庭实验报告单

学号：1181921　　　学生姓名：林科成　　　日期：2020年2月8日

实验名称	饺子沉浮与水的关系
实验目的	研究饺子沉浮与水的关系
实验器材	速冻饺子35（500g）个，一双筷子，1L的清水，铁锅
实验活动、步骤、现象（简要描述主要活动过程或操作及现象）	步骤：把1L的清水倒入锅中煮沸，放下速冻饺子，先煮1min，再用筷子搅拌一下（以免饺子粘在一起，不可多搅拌，因为会导致饺子破裂），开锅煮1～2min再加盖煮4min左右，最后揭盖煮2min即可

续 表

实验活动、步骤、现象（简要描述主要活动过程或操作及现象）	现象1：饺子刚下锅时所有饺子都下沉。 原理：饺子开始煮的时候还没有解冻，属于冰状，体积也没有膨胀，因而密度就大，大于水的密度，（浮力也减小）然后便会下沉。 现象2：煮了4.5min后饺子开始变色，然后接着上浮。 原理：饺子煮了几分钟后，开始解冻，体积会慢慢地膨胀，然而质量不变，因而密度就会开始变小（浮力变大），当小于水的密度时，就会上浮。 现象3：饺子煮熟后浮起，且只有煮熟后才会浮起。 原理：因为煮熟后的饺子体积膨胀（热胀冷缩），质量不变，密度就会变小，（浮力变大）小于水的密度后就会上浮。 现象4：煮完后的饺子放凉之后会重新下沉。 原理：因为膨胀后的饺子收缩也快，水冷却下来后，收缩的速度比水的散失快，然而体积就会缩小，密度就会变大（浮力会减小），当大于水的密度时就会下沉。
科学道理（或理论）	1.当饺子体积膨胀，密度变大，大于水的密度时（浮力变小），就会下沉。 2.当饺子体积缩小，密度变小，小于水的密度时（浮力变大），就会上浮。
你的改进、创意、创新	可以用不同的火候进行煮，然后记录沉浮，或者将水和饺子同时放入锅中煮，比较和煮沸时放下饺子开始浮起的时间进行比较。
反思、新想法、感悟	在这次煮饺子的时候没有注意看时间，没有记录开始下沉的时间、浮起的时间、下沉到浮起或浮起到下沉时间，如果记录了可以和下次实验（饺子和水同时下锅）进行对比。

实验心得

今天，我在老师和家长的帮助下完成了"探究饺子沉浮"的实验。在实验中，我真正地观察到了饺子神奇的沉浮现象。以前，妈妈经常煮饺子，但是我们都对饺子沉浮的现象习以为常，没有去探究背后隐藏的科学道理。而今天，我学习了有关浮力的知识以后，换了种不同的眼光去看待沉浮的饺子，用学到的物理知识去解释饺子的浮沉变化，让我走到生活的另一面。书本知识与日常生活相结合，让僵硬的文字、公式也具有生活的烟火气，增加更多的热情投入到日后的学习中去；在生活中探寻规律，也时刻提醒着我们"学以致用""举一反三"。

回望人类发展长河，有许许多多的名人就是从生活中的点滴出发进而得出了推动人类发展的伟大发现或发明：瓦特从奶奶煮水时盖子跳动的壶盖启发，发明了蒸汽机；爱因斯坦从过往的火车中发现相对论；鲁班被茅草拉伤后，发明出类似茅草叶子边缘的锯齿状锯子……这一个个真实的例子告诉我们：伟大的科学源自生活点滴。那些我们司空见惯的事实，也许就是一颗未经打磨的真理宝石。

在这次家庭实验中，我感受到物理的魅力，增添了我对未知真理的兴趣与好奇。同时，我再一次看到科学的重要，这也无时无刻不提醒着自己要奋发向上，去到更深更广阔的天地，为国家社会发展奉上自己的一份力量。

"少年强则国强"作为21世纪的新青年，我们更是重任在肩。望我们只争朝夕，不负韶华！

"悟理不出门，宅家也精彩！"通过学生的家庭实验，借机培养学生体验和感悟认识物理科技知识本质，以及物理和社会之间的关系。将培才学子培养成一名有科学精神和社会责任感的有为青年，是物理科组一直以来的责任和使命。

参 考 文 献

［1］陈敬荣，徐奉林，吴晓毅.初中物理实验［M］.北京：龙门书局，
　　2001.

［2］赵端旭.初中物理实验集锦［M］.北京：电子工业出版社，2017.

［3］本书编写组.初中物理实验手册八年级下［M］.上海：上海科学技术
　　出版社，2016.

［4］淮安市教育技术装备中心.初中物理实验教学指导［M］.南京：东南
　　大学出版社，2013.

［5］冀雅卿.初中物理实验八年级下［M］.上海：上海科技教育出版社，
　　2013.

［6］马守智.浅谈实验教学法在初中物理教学中的作用［J］.科技风，2020
　　（06）：96.

［7］卞保金.《大气压强》公开课听后感——浅谈思维可视化在一节物
　　理实验教学中的应用［J］.科学大众（科学教育），2020（03）：
　　11，164.

［8］王安庆.浅谈微课在农村初中物理教学中的应用［J］.学周刊，2020
　　（09）：87-88.

［9］李英.高中物理创新实验教学研究［J］.科技风，2020（07）：54.

［10］蔡丽格.浅谈如何提高初中物理课堂教学的有效性［J］.学周刊，
2020（07）：29-30.

［11］马自文.初中物理信息化教学探究［J］.名师在线，2020（06）：83-
84.

［12］向奎，熊卫.对物理演示实验改进创新的实践与思考——以探究空气
浮力为例［J］.物理教学，2020，42（02）：37-39.

［13］周智良，阮享彬.重庆市中学物理"重点学科建设项目"的初步报告
［J］.物理教学，2020，42（02）：43-45，39.

［14］宋倩茹，高守宝，王晶莹.新中国成立70年中学理科课程中信息技术
应用的模式演变研究——基于数学、物理、化学和生物课程标准的
文本分析［J］.数字教育，2020，6（01）：59-65.

［15］肖为明."互联网+"背景下义务教育阶段物理实验教学的实践探究
［J］.中学课程资源，2020（03）：60-62.

［16］张爱军.谈微课在初中物理实验教学中的应用策略［J］.中国校外教
育，2020（07）：77，79.

［17］陈祖标.中学物理之"难"：溯源、探微、建模与主张［J］.福建基
础教育研究，2020（02）：4-9，20.

［18］雷兴福.初中物理教学模式和教学方法的创新研究［J］.学周刊，
2020（10）：25-26.

［19］秦佳露.核心素养下初中物理教学的优化分析［J］.科学大众（科学
教育），2020（07）：12.

［20］李占良.试论新课改下初中物理实验教学的改进与创新［J］.中国校
外教育，2020（08）：82，85.

［21］魏霈侃，沈明华.湖州首个"5G+"理化生VR实验室在吴兴上线
［J］.浙江教育技术，2020（03）：58.

［22］夏鑫.如何利用生活现象激发学生学习物理兴趣［J］.科学咨询（科技·管理），2020（03）：170.

［23］林国斌.核心素养下初中物理高效课堂的构建［J］.科学咨询（科技·管理），2020（03）：146.

［24］马海涛.浅析在物理课堂教学中激发初中生学习兴趣的方法［J］.科学咨询（教育科研），2020（03）：169.

［25］陈连喜.多媒体在初中物理教学中的应用［J］.西部素质教育，2020，6（05）：143-144.

［26］张敏玥，袁海泉.IGCSE考试与苏州中考物理实验笔试题的对比研究［J］.物理通报，2020（03）：97-100，103.

［27］杨文斌.仿真实验室在初中物理虚拟实验中的运用［J］.西部素质教育，2020，6（04）：231.

［28］唐双虎.基于实践的初中物理课堂教学设计——以省级赛课"杠杆"教学为例［J］.物理通报，2020（03）：76-79.

［29］杨经.基于生活现象的初中物理核心素养培养［J］.宁夏教育，2020（03）：60-61.

［30］王浩.初中物理实验探究的教学策略研究［D］.南京：南京师范大学，2013.

［31］王楠.初中物理实验微课研究与设计［D］.天津：天津师范大学，2016.

［32］万芳丽.初中物理实验探究教学模式探索［D］.上海：上海师范大学，2015.